子どもの数学的な
見方・考え方が働く算数授業

5 年

全国算数授業研究会
（企画・編集）

はじめに

　いよいよ新しい学習指導要領が実施される。教育課程が変わるということは教育理念自体が変わるということであり，これまで行ってきた授業を変えなければならないということを意味する。

　算数科では，数学的な見方・考え方を働かせ，数学的活動を通して数学的に考える資質・能力を育成することを目標とした授業の実現が求められている。この中で特に意識すべきことは，目標の書き出しに見られる「数学的な見方・考え方を働かせ」という表現である。「数学的な見方・考え方」は，算数科の目標を実現するための前提として示された新たなキーワードである。算数科の目標は全ての子どもを対象としているということから考えると，子どもたち全員が「数学的な見方・考え方」を働かせられるような算数授業が求められている。つまり，「数学的な見方・考え方」を働かせるのは一部の算数好きで数学的なセンスを持ち合わせた子どもというわけではない。決して一部の子どもだけが「数学的な見方・考え方」を働かせるような算数授業であってはならないわけである。では，目の前にいる一般的な子どもが働かせる「数学的な見方・考え方」を大事にした算数授業とは，一体どのような授業なのであろうか。本書では，その疑問に対する答えを示すために，第1学年から第6学年までの全単元の算数授業における子どもの「数学的な見方・考え方」が働く授業の具体に迫ってみた。

　ただ，予めはっきりしているのは，「数学的な見方・考え方」を働かせている子どもの姿は決して特殊な子どもの姿や特別な子どもの姿ではないということである。どこの教室でも普通に見られる子どもの自然な姿の中に「数学的な見方・考え方」を働かせる子どもの姿が存在していると捉えなければならない。我々教師はそのような「数学的な見方・考え方」を働かせている子どもの具体的な姿を把握し，それを引き出す手立てを講じることができれば，

算数授業の中で意図的に評価し，価値づけることもできるわけである。

　全国算数授業研究会は，これまで「授業を見て語り合う」ことを大事にし，子ども目線から算数授業の在り方を追求してきた。毎日の算数授業で子どもと正面から向き合い，より良い算数授業を求めて真剣に切磋琢磨する授業人による授業人のための研究を蓄積してきたのである。だから，我々は「数学的な見方・考え方」を働かせる子どもの具体的な姿をもっとも身近で見てきたとも言える。そこで，本書では「数学的な見方・考え方とは何か」という概念の整理や抽象化をねらうのではなく，学校現場で日々の算数授業を行う授業人が「数学的な見方・考え方」を働かせている具体的な子どもの姿を共有することを目的とした。その具体を理解し把握できたならば，たとえ初任者の教師であっても目の前にいる子どもの行動や姿の中から「数学的な見方・考え方」として価値あるものを見出すことができるし，価値づけることができるからである。

　なお，本シリーズで紹介した授業実践では，副題にもあるように「どんな姿を引き出すの？」，「どうやって引き出すの？」という２つの視点からポイントを示し，その後で具体的な授業展開を述べている。そこでは教師や子どものイラストを用いて，「数学的な見方・考え方」が発露する対話の具体的なイメージが持てるように配慮した。また，それぞれの「数学的な見方・考え方」を働かせる子どもの姿は，その授業を実践された先生方の子どもの見取りの結果を示しているものでもある。当該の算数授業において，教師が子どものどういうところに着目して授業を構成しているのかということも見えてくるので，多くの先生方にとっても参考になるはずである。

　本書が新学習指導要領で求められる算数授業の実現を目指す先生方にとってお役に立てたならば幸甚である。

全国算数授業研究会 会長　山本良和

子どもの数学的な見方・考え方を引き出す算数授業

5年

目次

Contents

本書の見方

どのような見方・考え方を引き出すか

本時で引き出したい数学的な見方・考え方を記載しています。複数ある場合は，特に本時の中心となるものに★マークを付けています。

どのように見方・考え方を引き出すか

数学的な見方・考え方を引き出すための手立てを簡単に紹介し，本時の概略と教材の意図を提示しています。

本時の流れ

見方・考え方を引き出すためにどのように授業を展開していくのかを，子どもの姿ややり取りに焦点を当て詳述しています。見方・考え方が引き出されている子どもの姿やそのための手立てについては，吹き出しやイラストにしています。

子どもの数学的な
見方・考え方が働く算数授業　5年

整数と小数の仕組み

東京都墨田区立二葉小学校　山田 剛史

■ 本時のねらい

ある数の10倍，100倍，1000倍，$\frac{1}{10}$，$\frac{1}{100}$などの大きさの数を，小数点の位置を移してつくる。

■ 本時の問題

平成30年の菜種油の国内の生産量は824トンです。同じ年の輸入量は1025067.9トンです。輸入量は国内の生産量の何倍以上と言えますか。また，国内の生産量は輸入量の何分の１以下と言えますか。

■ どのような見方・考え方を引き出すか

★２つの数の大きさを比べるときに，小数点の位置を移すという容易な処理を用いて，10のべき乗倍，もしくは10のべき乗分の１で，その関係を大まかに捉える。

■ どのように見方・考え方を引き出すか

第５学年の理科で，菜の花を対象に植物の発芽，成長，結実についての学習を行っていた。社会科では輸出入についても扱う。そこで，すでに子どもたちと取り扱っている菜の花を原料とした菜種油の生産量と輸入量の関係を捉えることに，十進位取り記数法での小数点の役割を用いるようにした。具体的には，生産量と輸入量を比較はするが，その印象を表す程度で十分な課題に設定した。それが「何倍以上（何分の１以下）と言えますか」という問いである。

また，これまでの10倍，100倍……としてきたときに０を加えて位を整えてきた処理の仕方も，小数点の位置を移していると見られるようにしたい。そこで，生産量の整数値である824を利用する。824を10倍，100倍……して

いったときの処理を見返す学習場面を，小数値1025067.9を$\frac{1}{10}$，$\frac{1}{100}$……と処理し，小数点の位置を移した後に設けるのである。

■ 本時の流れ

1. 「"だいたい"でいいよね」

　学校に植えてある菜の花の種が，スズメに食べられてしまっていること，菜の花の種は油の原料になることを話す。食用の菜種油は，スーパーなどの店にも売っていることに触れながら，菜種油は国産のものと輸入されているものがあることを伝える。そもそも，種を絞って油ができることに子どもたちは関心を示していた。そして，「菜種油は国産のものと輸入されているもの，どちらの方が多いと思いますか？」と聞く。子どもたちには特に根拠になる知識がないので「たぶん国産。昔から使われているって先生が言ったから」「輸入。だって，塾でそんなことを言っていた気がしたから」というような，なんとなくの予想が返ってくる。続けて，教師が「実は輸入されたものの方が多いんだけど，国産に比べて，どれくらい多いと思う。私が手に入れたデータは重さ，t（トン）で書いてある」と聞くと，「えっ，トン。トンって何kg」「1tは1000kgだよ」「じゃあ，1000t多い」「何t多いかじゃなくて，10倍くらい」などの予想が返ってくる。その中に「1234倍」という予想がでた。ずいぶんと詳細な数値である。言った子どもは，にやにやと笑っている。教師は「この話題で，細かすぎるでしょ」と少し早口に返すと，他の子どもたちも笑っていた。「今，みんなも笑っていたけど，1234倍っていうほど細かく表すと，逆にわかりにくいような感じがするよね。"だいたい"でいいよね。10倍とか100倍とか」と教師が確かめると，「うん，うん」と子どもたちから反応があった。

　ここで教師は板書しながら，菜種油の国内の生産量が824tであることを伝える。次に，輸入量の上4桁「1025」とだけ書いて止める。「ほとんど，一緒」という声も挙がるが，教師は続けて「0」を上5桁目に書く。「10倍だ」「だいたい10倍だよ」という声が挙がる。そして，残りの「67.9」を一気に書くと，「えー」「そんなに違うの？」と子どもたちが大きな反応を示した。

2.「何倍以上ありますか」

そこで、教師は「国内の生産量は824tね。輸入量は1025067.9t。輸入量は国内の生産量の何倍以上ありますか」と問題を提示した。

教師は問題を板書し、ノートを早く取れる子が問題を書き終えたのを見計らって、「じゃあ、そろそろ何倍以上か、意見を聞きます」と声を掛けた。10倍、100倍、1000倍といった"だいたい"でいいと先ほど確かめているので、多く時間を取る必要はないのである。

本実践では、わり算を使う意見は出されなかったが、もし、1025067.9÷824＝1244.01444……と割り進めるまで、もしくは、整数部分まで計算するなどの結果が意見として出されれば、それも授業で扱っていく。例えば、割り切った後に十の位を四捨五入して、1200倍以上という意見等である。なぜなら、子どもによっては、その方法も十分に容易だと感じていることもあるからである。一方で、本時は、小数点の位置を動かして、ある数の10倍、100倍……や $\frac{1}{10}$, $\frac{1}{100}$ ……の数を容易に表すことがポイントである。わり算を使う意見を、扱う、扱わないにかかわらず、1000倍以上という意見での、10倍、100倍、1000倍、10000倍するときの数の処理を必ず扱い話題にする。

1000倍以上、という答えをもった子どもがほとんどであった。どうして1000倍以上と答えたのかを教師が問うと、「824の10倍が、0を一つ付けて、8240。100倍が、0をまた増やして、82400。1000倍が、もう一つ、824000になるから」という意見が出された。さらに、「1000倍までは一緒で、1万倍も念のためつくってみると、1つ0を増やして、8240000になるから、輸入量より大きくなっちゃう。だから、1000倍以上って」と付け加えられた。既習事項であるので、当然のように子どもたちは納得している。教師はさらに問い返す。

3.「0をつけると、なぜ10倍、100倍の数になるの？」

「0をつけると、なぜ10倍、100倍になるの？」と0を増やす処理の意味を

問う。子どもたちは「えっ?」という表情を浮かべていた。少し間が空いて、ざわざわと各々近くの子ども同士で二言三言相談をすると、パラパラっと数人が挙手をした。

 0をつけると、なぜ10倍、100倍になるの?

しーん……ざわざわ……ぱらっ、ぱらっ、ぱらっ

0をつけると、数が大きくなるから。

 ん? どういうこと?

どういうことって? そうなるじゃん。

 えっと。例えば、824の8は、0を下1桁につけると、どうなるの?

あっ! 8は百の位だったけど、0を右につけたから、千の位になる。

　教師は「0をつけていくと、824の8も2も4も、位が上がっていくから、10倍、100倍、1000倍ってなっていくんだね」と話し、板書に"数字の位が上がる"と書いて、数を表している数字の位が上がることをまとめた。

4.「小数点を動かすと、どうして1000分の1になるの?」

「輸入量は国内の生産量の何倍以上ありますか」に答えられたことを確認し、続けて教師は「では、逆に、国内の生産量は輸入量の何分の1以下だと言えますか」と問う。すぐに手が上がり、指名すると「さっきは1000倍以上だったから、逆に戻すから、1000分の1以下だと思います」と答えが返ってきた。数と数の関係を捉えた解答である。板書し、確認をすると、多くの子どもは

「そうだよね」という反応をしていた。教師は「きっとそうなるだろうと思っているね。実際に，輸入量の1025067.9tの数を1000分の1にしてみよう」と投げかけ，それぞれノートに書かせた。書けている子どもがほとんどだったが，書けていない子どももいる。1分半ほどたったところで，板書に"1025067.9"と教師が書き「ここに書き加えながら答えを教えて」と投げかけ，指名した。指名された子どもは，小数点から矢印で3回左に1つずつずらすように板書した。書けていなかった子どもも，なるほど，という顔をしている。

 こうやって小数点を動かすと，どうして1000分の1になるの？

 えっと，小数点を左に1つ動かすと，一番左の1が（数えて）百万の位だったのが，十万の位になって。

 そうだね。一，十，百，千，万，十万って，なったね。小数点を左に1つ動かすと，千分の一ってこと？

 違う。違う。わざと言ってるでしょ。

 ばれた。じゃあ，Bさん。Aくんの続きをどうぞ。

 小数点を左に3回動かすと，十分の一，百分の一，千分の一って，一番左の1も，他の数字も，位が千分の一になるから，千分の一になる。

5.「10倍，100倍ってするときは0をつけて，$\frac{1}{10}$，$\frac{1}{100}$ってするときは小数点を動かして，数字の位を変えているんだね。それでいい？」

0 をつけることで10倍，100倍，1000倍することが，実は小数点を動かすことになっていることに，気付く子どもがいた。「違うもののようだけど，同じように見たってことですね。覚えることが減っていいね。10倍とか$\frac{1}{10}$とか位を変えるときには小数点を動かせばよいってことだね」と教師が伝えると，他の子どもたちも「確かに」「そうだね」と賛成した。824.5の10倍や100倍，$\frac{1}{10}$，$\frac{1}{100}$を問う練習問題を解いて，授業を終えた。

学習感想でそのことに触れた子どものノートに，"一見違うものを同じに見られると覚えることが減りますね。すばらしい！"とコメントを書いておいた。

もし，このような反応がでなかったときには，教師が投げかけた通りにまとめておく。そして，"824.5を10倍すると？"と練習問題を解く場を設定し，まとめたことを修正するようにしていきたい。

2 直方体や立方体のかさ

京都府南丹市立八木西小学校　谷内祥絵

■ 本 時 の ね ら い

『○○cm³（ゾロ目）』の立体を作る活動を通して，体積の公式について，作業的，体験的に実感を伴った理解を深めることができる。

■ 本 時 の 問 題

> 1cm方眼の工作用紙を使って，『○○cm³（ゾロ目に限定）』になる動物（立体）を作ろう。

■ ど の よ う な 見 方 ・ 考 え 方 を 引 き 出 す か

・体積が高さに比例することに気付き，その比例関係を用いて目標とする体積の立体を作ることができる。

・直方体や立方体の体積の学習を活用し，辺の長さに着目して立体を作ることができる。

■ ど の よ う に 見 方 ・ 考 え 方 を 引 き 出 す か

『○○cm³（ゾロ目に限定）』の体積の立体を作るという条件設定が，数学的な見方・考え方を引き出す最大のポイントである。

ゾロ目ぴったりになるように立体を作るという課題を設定することで，立体の体積を見当しながら，付け加えたり，減らしたりと，何度も計算する必然性が生まれ，公式の習熟を図ることができる。

体積の数値をゾロ目にするのは難しいので，手立てとして $1 \times 11 \times 1$ の 11cm³ の直方体を子どもに示す。その直方体をヒントにすることで，$1 \times 11 \times 2$ ，$1 \times 11 \times 3$ と，高さを2倍，3倍にすると，体積が2倍，3倍のゾロ目の数値の立体ができるという数学的な見方を引き出す。

そして，直方体の体積が高さに比例することに気付かせ，比例関係や直方体の辺の長さに着目して立体作りをする子どもの姿を引き出したい。

■ 本時の流れ

1. 「体積がゾロ目になる動物って作れそう？」

本教材は，1cm方眼の工作用紙を使って，体積が必ずゾロ目の数値になるように，動物（立体）を作る教材である。

はじめに，体積がぴったり○○cm³になる動物を作ろう！と板書した。すると，子どもたちは○○に当てはまる数を100，1000，10000と予想し始めた。

そこで，「じゃあ，体積がゾロ目になる動物って作れそう？」と問いかけた。すると，「ヘビだったら簡単にできそうじゃない？」とつぶやきが聞こえた。そこで，用意していた『11cm³』の直方体を見せ，「この直方体ってどれくらいの体積だと思う？」と，マス目の入っていない底の部分だけを見せ，量感を頼りに考えさせた。

次に，マス目を見せ，体積が11cm³であることを確認すると，「横の長さを2倍にすると，親子のヘビになりそうじゃない？」「高さを変えて作ってみたい」「11cm³じゃなくて，111cm³で作ってみたい」と，子どもたちの思いが広がっていった。

体積がぴったり○○cm³になる動物を作ろう！　　ゾロ目限定動物園

 じゃあ，このヘビの体積は？　　11cm³？

1×11×1で11cm³だから，1×22×1にすると，ヘビの長さが2倍になるね！

 長さが2倍になるの。　　並べたら，親子になりそう！意外と簡単に作れそうだね！

 他の数字を変えると，ゾロ目はどうなるのかな？

数値を『○○cm³（ゾロ目限定）』と，子どもたちが自由に体積を設定できるようにしたことによって，計算が苦手な子どもも，まずは，教師の見本と同じように，$1 \times 11 \times 1 = 11$ のヘビから，簡単に作ることができた。

　さらに，「親子のヘビも簡単に作れそうじゃない？」という友だちの言葉から，$1 \times 22 \times 1 = 22$ と，横の長さを2倍にした直方体のヘビを作る子どもの姿も見られた。

2.「もっと合体させた動物を作りたい！」

何回計算しても，何回考えても，縦×横×高さ＝ゾロ目（設定した数）にならない場合はどうしたらいいの？

ゾロ目にならないのなら，ヘビしかできないね。

そんなことないよ。直方体と立方体とを合体させると，いろんな動物が作れるよ。

なるほど！　直方体と立方体を組み合わせると，もっとできそうかな？

確かに！　合体させたら，どんどんできそうだね！

　子どもたちは，自分の設定したゾロ目の数値に近づくように，縦，横，高さを何cmにすればいいのかを考えた。

　しかし，体積の大きさをゾロ目の数値に設定した場合，ヘビのように1本の直方体で作るのには限りがある。

　そこで，子どもの困っている姿から，直方体と立方体を活用して，2つ以上の立体を組み合わせて，多様な立体を作ることが

できることに気付かせていった。

「先生！　パンダを作ったんだけど，どうしても4cm³足りなかったから，笹のえさを持たせたら，ぴったりゾロ目になったよ！　立体を組み合わせるといろいろな動物が作れそうだね」

3.「高さが2倍，3倍ってどういうこと？」

　子どもたちの活動を4人グループに設定し，机をT型に合わせて活動させた。

　子どもたち同士が新たな課題を見つけ，課題を解決するために，表や図にかいて友だちに説明する姿が見られた。そこで，体積が高さに比例することに気付いたグループの考えを板書し，全体で共有させた。

ヘビだと，ずっと横に長くなるから，高さを変えてみたよ。

今度は高さが，2倍，3倍に変わっていくのかな？

高さが2倍，3倍ってどういうこと？

わかりやすく，表にまとめてみたよ【表1】。

2倍，3倍になるってことは，例えば，動物の胴体だと考えれば，2段，3段って，1段を基にして，大きくなっていくってことだね。

ということは，高さが2倍，3倍になると，体積も同じように，2倍，3倍になるってことだね。これなら，他にも簡単に作れそうだね！

【表１】

縦（cm）	1	1	1	1	1	1	1	1	1
横（cm）	11	11	11	11	11	11	11	11	11
高さ（cm）	1	2	3	4	5	6	7	8	9
体積（cm³）	11	22	33	44	55	66	77	88	99

動物の胴体 → 1段　2段　3段　4段・・・・・・・・・・・・・・・

　ヘビと同じ直方体の考え方では，横に長くのびるだけであったが，ヘビの考え方から，$1×11×1$，$1×11×2$，$1×11×3$と，基準となるものを積み重ね，高さを倍にしていくことで，11cm³，22cm³，33cm³へと，高さと体積の比例関係に気付かせることができた。

　子どもたちの考えや図を，子どもの言葉で板書することで，新たな気付きや問いが生まれ，子どもの数学的な見方・考え方を広げることができる。

　比例関係に目をつけた子どもが，「クマの親子だったら，胴体の高さを３倍にすると，大人のクマになるから，簡単に親子グマができるよ」と基準となる胴体を積み重ねて，あっという間にクマの親子を完成させた。

　胴体部分の直方体の高さを３倍にすることで，小グマの体積の３倍の体積の親のクマを作ったのである。
「動物の胴体を２倍，３倍にすると，親子の動物になるなら，どんな動物も１つ作れば，すぐに親子セットが作れるよ」と，比例関係を用いた立体の作り方をわかりやすく説明していた。

4.「このゾウと同じ体積の動物はどれでしょう？」

　完成した『ZOO（動物展示コーナー）』では，友だちの作った動物の体積を見当付けたり，自分の体積と比較したりする姿が見られ，『動物体積クイズ大会』が始まった。動物の足裏や尻尾には，その動物の体積がこっそり隠されているが，子どもたちは，答えを見ることなく，自分たちの量感を頼りに，体積を見当付けたり，ノートに計算したりしながら，クイズ大会を楽しんでいた。

　完成した動物を並べさせることで，体積の大きさについて比較させることができる。一見同じ体積には見えないものであっても，体積が同じ動物に面白さを感じ，友だちの動物（立体）の辺の長さを調べては，公式に当てはめ計算し，体積の公式の習熟を図っていた。

　また，「Aの立体は，Bの立体の〇倍，だったら，次は〇倍の体積にしてみよう」と，体積の大きさについて，子どもたちの豊かな量感を育むことにもつながっていた。さらに，高さを半分にした場合や，2倍にした場合，3倍にした場合と，自分たちの作った立体を基に考えを広げ，完成した作品を比較し合っていた。

　ある条件のもとでの立体作りを通して，体積と高さとの比例関係に気付かせ，子どもたちに立体の体積についての数学的な見方・考え方を広げることができた。

3 小数のかけ算

埼玉県戸田市立笹目東小学校　相墨多計士

■ 本時のねらい

整数×小数（純小数）の計算の仕方を考え，かけ算の意味の拡張を図る。

■ 本時の問題

> 1mで80円のテープがあります。
> このテープを□m買ったときの代金はいくらでしょう。

■ どのような見方・考え方を引き出すか

・□に整数や小数を代入して演算決定し問題の構造が同じであると見る。

・乗数の大きさ（本時は純小数）から積の大きさをおおまかに捉えること。

★かけ算の意味を拡張して捉え，「ある数を1と見たときにそのいくつ分かを求める演算」をかけ算として統合して見ること。

■ どのように見方・考え方を引き出すか

第4学年の範囲まで，かけ算の学習は乗数が0か1以上で，子どもに九九や累加のイメージが強く残り「いくつ分」といった見方・考え方の乏しさを感じる。そこで，まず子どもに既習と未習の知識や概念とを比較できる場を設定する。その意図で前時と本時に同じ上記文章題を提示する。前時は□に整数値を入れて演算決定をし，次に□を帯小数値2.5に変えた場合の乗法の意味を明らかにする。本時は同文章題において□に純小数値0.8を代入した場合の乗法の意味を明らかにする。子どもが予想した積の大きさをもとに対立軸を仕組み，乗法の意味を振り返る場面をクローズアップする。比例数直線を用いて前時までのかけ算と本時のかけ算を振り返り，積が被乗数より大きい場合も小さい場合もかけ算であることを子どもが説明する場を設定する。

■ **本時の流れ**

1. 「もしも□が１に満たない純小数だったら……」

　　まずは前時と関連づけて本時の問題を提示する。そこには授業後半でかけ算の意味の拡張と統合をねらう意図がある。５年生小数の乗法の授業第１時（前時）と第２時（本時）はこのような意図で次の文章題を提示した。

> 　１mで80円のテープがあります。
> 　このテープ□m買ったときの代金はいくら？

Ｔ：□の中にどんな数を入れたら簡単に計算できるかな？

　　第１時（前時）では，まずは□に整数値を当てはめさせて演算決定をした。後に□＝2.5とし，帯小数の場合でも問題の構造が変わらないことから演算決定をかけ算であるとし，解決の方法と答えについて話し合い解決した。

　　これら第１時（前時）の学習内容を想起させ，本時の学習と関連付けて統合化を図ることをねらい，同じ文章題で，□の数値のみを変えて提示した。

> 　Ｔ：もしも□＝0.8だったら？

　　既習を想起して，80×□であることから演算は決定する。80×0.8＝？

2. 「答えは80円より大きいの？　小さいの？」

　　どのように解けばよいか，答えはいくつかなど，予想カードを配布して子どもたちに記入させる。

　　予想カードは書けた子どもから先生に提出し，待ち時間でノート整理をする。教師側で

〈子どもの予想例〉
ア：640円
イ：144円
ウ：64円
エ：6.4円？……
※他に大体の数や計算ミスの反応があり得る。

は素早く反応を分類し，黒板に集計した予想カードの答えの部分だけを選択

肢として書き出す。※解法は提示しない。

　ここから，練り合いと言われる活動が本格化していくのだが，この練り合う展開の仕方と発問を工夫する中で，子どもの意見の対立軸を仕組み，本時で働かせ獲得させたい見方・考え方を引き出すことができる。

Ｔ：この中で一番あり得ないと思うのはどれかな？

　子どもたちは成り立たない根拠やあり得ない範囲を次第に表現し始める。まずは，予想「エ：6.4」は答えの値段が小数値であることを間違いと指摘したり，明らかに大きすぎる数や小数で表しきれない数など（※先のア～エの他の反応例）をあり得ない答えとして除外したりする。※ただ除外するだけではなく，その中に方法や考え方としては有効な内容が含まれていることがあるため，答えとして適切ではないという意見を大切に取り扱うとよい。

　次に，あり得ない範囲やあり得る範囲などの話を取り扱う。

Ｔ：みんなの予想を一応大きい順に並べたんだけれど……，まだ，この辺の答えはあり得ないとかありますか？

Ｔ：80円の何倍かだから80円より大きくなる。80円より下はあり得ない。

Ｃ：え？　どういうこと？（意味が伝わっていない子どももいる）

Ｃ：え？　80円より小さくなるんじゃない？（反論する子ども）

Ｔ：あれ？　意見が分かれちゃったね。他のみんなはどう思うんだろう？

> Q.「答えは80円より大きくなるか，小さくなるか，どちら？」

　このような対立軸を仕組みつつ，既習としてかけ算の意味をどのように捉えていたか，想起するきっかけとする。

Ｔ：ではこの問題を考える前に，まず，みなさんが「かけ算」って，どんなイメージをもっているのか教えてください。

　グループで相談させてから，かけ算のイメージを出し合わせる。

Ｃ：倍。

C：積。

C：同じ数ずつ増える。

　ここで全員に手を挙げさせて，答えが被乗数の80円より大きくなると思うか小さくなると思うか，全員に挙手させて立場をはっきりさせるとよい。

　5年生でもかけ算として累加のイメージしかもてない子どもが多い。

T：今みなさんがイメージをもっているかけ算の意味だと，どうやら同じ数ずつ増える計算だから，正解は，80円より大きくなるってことになるね～。

　時には，教師は誤答に味方して，挑発的な発問をすることが，子どもたちの反論を誘発することにつながる。

　ここで（※時間的な余裕があれば）「イ：144円の気持ちがわかる人？」と聞くことや意見を扱うことも誤答へ味方することになる。また，144円の理由として，80円＋80×0.8とする考えに，答えが80円より大きくなるとした思いが込められていることにも触れたい。

Q.「答えは80円より大きくなるか，小さくなるか，どちらか？」

3. 「昨日と同じ方法で整数に置き換えて計算できる？」

　早習で解き方の方法について知っている子どもが形式的に答えを求めるのではなく，正答「ウ：64円」の答えを導き出した子どもたちが反論の根拠を明らかにしながら話し始める場面を演出する。

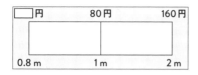

80円より小さくなる理由は……1mで80円だから, 0.8mはもっと小さい。

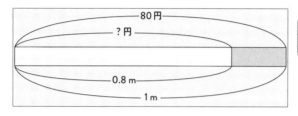

ちょっと違う図で描きました。

子どもたちから「あ〜」「なるほど」といった納得の声が聞こえてくる。

次に, 子どもたちの問いは, どうやって答えを求めればよいか, 答えを求める方法について考える問題へと変容する。

T：ではどうやって計算すればよいでしょう。80＋80＋……ってしようか？

C：0.8mだから, 80を足すことができない。

C：昨日と同じように10倍して考えて, 答えを10で割って戻せばいい。

　　$80×8＝640$　　$640÷10＝64$　　<u>答え　64円</u>

純小数をかける場合でも, 帯小数の場合と同じ方法を用いることができた。

4.「かけ算はどんな計算？」　〜振り返りは拡張し統合する〜

　かけ算なのに答えが被乗数より小さくなることがある場合を確かめることができた。しかし, 子どもたちにとって納得のいかない疑問が残っている。

C：でも, 答えがもとより小さくなるのにかけ算なの？

　5年生でもかけ算の累加のイメージは強い。ここで, 前時までの乗数に整数値や帯小数値を入れた場合と合わせて考察する場面をクローズアップする。このような場面が子どもの側（ノートや言葉）から引き出せるとよりよい。

T：2年生のときから, かけ算の答えといえば増えていたね。そして, 昨日

の計算でも答えは増えていました。けれど今日は答えが減っていた。

T：昨日と今日の場面を見直したいけれど数がごちゃごちゃしてきたね。

C：図とか表で整理すればいい。……数直線で考えて計算すればいい。

C：た～て～｜ 横横▐▆ 縦２本▐▆ ※合い言葉のように図を描く

　4年生時に「比例数直線」を「２本数直線」と名付けて指導した。５年生でも前時に乗数2.5の場合で比例数直線を用いたが，前時では２個と半分という累加のイメージが拭い去れない。しかし，子どもたちは乗数の大きさが１に満たない場合に，積が比例数直線の左側にあると捉え，いくつ分とする見方をする。

T：80円よりも右の２倍や，2.5倍が昨日までのかけ算だね。

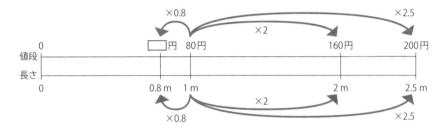

T：どういうときに答えが80円より小さくなるんだろう？

C：１mより小さいとき。……１より小さい数をかけるとき。

T：そういうものもかけ算として仲間に入れるとき，かけ算ってみんなにとってどんな計算だと言えるのかなう？

C：答えが増えても減っても，何倍かする計算。

C：80円を１と見て，そのいくつ分（いくつあたり）かを求める計算。

　前時の乗数2.5の場面で，2.5倍や2.5個分等と示しても80円二つと80円の半分等で表せ，累加のイメージが拭い去れない。しかし乗数を純小数にして積が被乗数より小さくなるかけ算の場面に遭遇したとき，すでにある手持ちのかけ算の意味を見直して調節する必要がある。そこにかけ算の意味を拡張して統合する数学的な見方・考え方が働いている。

4 小数のわり算

筑波大学附属小学校　盛山隆雄

■ 本時のねらい

　小数のわり算の計算について，ミスコンセプションを乗り越えて，正しい計算の仕方を考えることができる。

■ 本時の問題

> リボンがあります。長さは1.6 mです。代金は96円です。1 mの代金はいくらですか。

■ どのような見方・考え方を引き出すか

　96÷1.6の計算の仕方を考えるときに，小数のかけ算から類推した考えが間違いであることがわかり，具体的な場面にもどって正しい計算の仕方を演繹的に考えることができる。

■ どのように見方・考え方を引き出すか

　割る数を10倍し，整数にして計算する。そして，答えを10で割って元の式の答えを求める。これは，小数のわり算の計算の仕方についてのミスコンセプション（誤概念）である。

「96÷16＝6の6はどういう意味かな？」

「96円を16で割ると，何mの代金になるのかな？」

$$\begin{array}{r} 0.6 \\ 1,6\,\overline{)\,96} \\ \underline{96} \\ 0 \end{array}$$

$$96 \div 1.6 = 0.6$$
$$\downarrow \times 10 \quad \uparrow \div 10$$
$$96 \div 16 = 6$$

　このような発問をして，子どもたちに整数にして計算した96÷16の意味を捉えさせる。そして，0.6の値をどう処理すればよいのか，その意味に基づいて演繹的に考えさせる。

■ 本時の流れ

1.「このリボンの特徴を図から読み取ろう」

　図1をかいて見せ，図からわかることを子どもに言わせる形で，右のように問題場面を書いた。

「さらに図を付け足すよ」
と言って図2をかき，
「この図を見て最後に尋ねることがわかるかな」
と発問し，求答事項を考えさせて問題文を完成させた。

> リボンがあります。
> 長さは1.6 mです。
> 代金は96円です。

> リボンがあります。
> 長さは1.6 mです。
> 代金は96円です。
> 1mの代金はいくらですか。

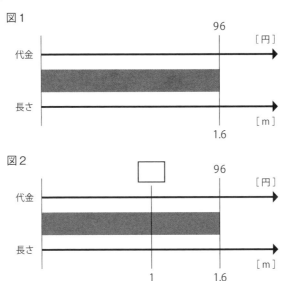

図1

図2

2.「小数のかけ算のときと同じようにやりました！」

　96÷1.6という立式ができた後に，計算の仕方を考えた。そのときに，次のように考える子どもが多数現れた。

$$
\begin{array}{r}
0.6 \\
1{,}6\,\overline{)\,96} \\
\underline{96} \\
0
\end{array}
$$

$$96 \div 1.6 = 0.6$$
$$\downarrow \times 10 \quad \uparrow \div 10$$
$$96 \div 16 = 6$$

　まだ小数で割る計算の筆算は習っていなくても，整数÷整数の筆算を徹底的に学習している子どもたちは，自然に筆算でやろうとした。授業では，挙手している子どもを自然にあてるようにしてこの考えを発表してもらった。そして，「この筆算のやり方を横の式でも表してみようか」と言い，子どもと対話しながら式を板書した。

　割る数を10倍し，整数にして計算する。そして，答えを10で割って元の式の答えを求める。これは，小数のわり算の計算の仕方についてのミスコンセプションである。

　上の計算方法が発表されたとき，3つ考えることがあった。

①　なぜこのような計算の仕方をしたのかを明らかにすること。

②　この答えが正しいのか間違いなのかを検証すること。

③　検証した結果を受けて，もしも間違いであれば，正しい答えの導き方を考えること。

　なぜそのように計算したのかを尋ねたら，次のような言葉が返ってきた。「小数のかけ算のときと同じようにやりました」

　子どもは，小数のかけ算の計算の仕方から類推していたことになる。小数のかけ算の計算は，次のように計算していた。

$$96 \times 1.6 = 154.3$$
$$\downarrow \times 10 \quad \uparrow \div 10$$
$$96 \times 16 = 1543$$

　かける数を10倍し，整数に直して計算する。その答えを10で割り，元の式の答えを求める。

　授業では，このようにして1つの方法についてみんなで分析することで，友だちの考えについての理解を進めていくことが大切である。

「96÷1.6＝0.6という計算の答えは正しいのかな？」

　この問いかけに対して子どもは，

「0.6×1.6＝0.96になる。96にならないから，この答えはおかしい」と言った。

　ある子どもは，右図を指さしながら，

「1.6 mが96円なのに，1 mが0.6円はありえない。半分の0.8 mで

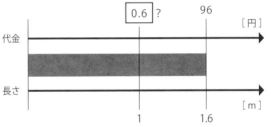

も96÷2＝48で48円でしょ」と問題場面の意味から考えていた。

　このように検証し，検算や問題の意味から考えるといった算数を使って間違いであることを納得することができた

3.「96÷1.6＝6はどういう意味かな？」

　このような誤答を表現した子どもに，どのような手立てをうつべきか。ミスコンセプションは，子どもの思い込みがあるので，子どもに任せた話し合いでは，簡単には修正させることができない。教師が何らかの考察のための視点を与えて，考えさせることが大切である。

　上のイラストのようなやりとりを子どもとして，子どもたちに整数にして計算した96÷16の意味を捉えさせた。

　2本の数直線図を使って確認しながら考えていった。0.1 mのリボンの長さは，1.6 mを16で割った長さだから，代金は96円を16で割ればよい。だから，96÷16は0.1 mの代金を表わすということがわかった。

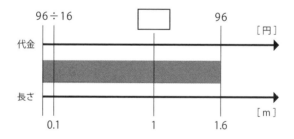

「求めたいのは，1 mのリボンの代金だね。この6を10で割った0.6は何mの代金のことかな？」

「0.01 mの代金になります」

「そうか，たった1cmの代金を求めていたんだ」
というような声が上がった。

では，6を÷10ではなく，どう処理すればいいのかな？

と問うて，しばらくみんなに考えさせてから発表してもらった。

0.1mの10倍の長さが1mだから，6を10倍すれば1mの代金です。

6×10＝60で1mの代金は60円です。

　このようにして，小数のわり算の割る数を10倍にして計算した場合は，答えは10倍にすることで，元の式の正しい答えを導くことができることを理解することができた。

　同時に，数直線図に正しい計算の仕方の考え方について，矢印を使って子どもに表現してもらった。

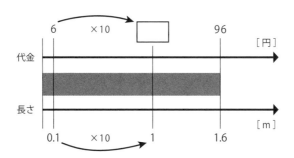

　子どもは，右のような正しい計算の仕方を獲得したのである。

$$96 \div 1.6 = 60$$
$$\downarrow \times 10 \quad \uparrow \times 10$$
$$96 \div 16 = 6$$

5 形も大きさも同じ図形

■ 本時のねらい

合同な四角形を，合同な三角形の描き方を活用して描くことができる。

■ 本時の問題

> Ａさんは，長さが違う４本のストローを使って四角形をつくりました。
> Ａさんの四角形と合同な四角形を描きましょう。

■ どのような見方・考え方を引き出すか

・合同な四角形を描くとき，「三角形の合同条件」をもとに考えればよいこと。

■ どのように見方・考え方を引き出すか

導入で，長さが違うストローで四角形をつくらせる。四角形は，三角形と違い，４辺の長さだけでは合同にならないことに気付かせ，もっと他の条件が必要ではないかという問いをもたせるためである。そして，子どもの作品から任意に一人の子の作品を提示し，「Ａさんの四角形と合同な四角形を描こう」と投げかける。

次に，子どもが辺の長さや角の大きさなどの構成要素を探りながら合同な四角形を作図している途中で，「いくつの条件を使えば描けるかな？」と問う。そして，「三角形のときは３つの条件だったから四角形なら４つじゃないかな？」という声を引き出す。

「四角形なら……」と類推的に思考させることで，四角形が２つの三角形で構成されている性質に気付く。その結果，三角形の合同条件をもとに４つ目の頂点の位置を決めさえすれば簡単に作図できるのではという見方につながる。また，この気付きで，さらに自分たちで四角形の合同条件を発見できそ

うだという意欲も深められる。この見方・考え方をもとに，五角形などの多角形についても，その合同条件について発展的に考えられるようにしたい。

■ 本時の流れ

1.「4本のストローで，合同な四角形をつくろう」

まず，長さの違う4本のストローを配り，自由に四角形をつくらせた。子どもたちは，「3辺の長さが等しいとき合同な三角形ができたから，みんなが同じ四角形をつくることができるんじゃない」……と言いながら四角形をつくり始めた。

しばらくすると，子どもたちは，自分がつくった四角形と友だちの四角形を見比べながら，次のようにつぶやき始めた。

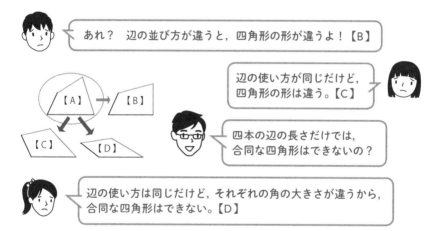

あれ？　辺の並び方が違うと，四角形の形が違うよ！【B】

辺の使い方が同じだけど，四角形の形は違う。【C】

四本の辺の長さだけでは，合同な四角形はできないの？

辺の使い方は同じだけど，それぞれの角の大きさが違うから，合同な四角形はできない。【D】

自分がつくった四角形の構成要素を丁寧に確かめ合いながら，子どもたちは，三角形と違って，四角形は4本の辺の長さだけでは合同にならないことに気付いていった。そして，合同な四角形をつくるには，4辺の長さ以外に，角の大きさの条件が必要となってくるのではないかという問いをもち始めた。

そこで，子どもがつくった四角形の中から任意に一つを選んで黒板に貼りつけ，次の問題を掲示した。

> Aさんの四角形と合同な四角形を描きましょう。

2.「どうすれば, Aさんと合同な四角形が描けるかな」

　まず, 子どもたちは提示されたAさんの四角形を見て, それぞれの角の大きさを尋ねてきた。

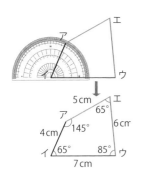

「角イの大きさは何度ですか」
「65°です」
「角ウの大きさは85°です」
「辺アウの長さは何cmですか」
「長さを調べなくても, コンパスを使えば作図できるよ」
「角アの大きさは145°です」
「角アはわからなくてもいいよ」

と, 子ども同士でつぶやきながら, コンパスや分度器を使って, 合同な図形をワークシートに作図していった。

　それぞれの子どもの合同な四角形を描くアプローチの方法はさまざまである。

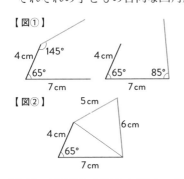

【図①】

【図②】

　必要な条件だけを用いて作図しようとしている子 (【図①】) や, 学習した合同な三角形の描き方とつなげて作図している子 (【図②】), 四角形の全ての辺の長さや角の大きさを調べないと描けないのではないかと考えている子など多様である。
　そこで, 一旦, 作図するのをやめさせ, 合同な三角形を作図した際も, 「いくつの条件を使えば作図できたか?」ということを考えた経験を想起させ, 次のように問いかけた。

いくつの条件を使えば，合同な四角形は描けるかな？

いくつの条件を使えば，合同な四角形が描けるかな？

三角形のときは 3 つの条件だったから四角形なら 4 つじゃないかな？

どういうこと？

三角形 2 つで四角形ができるので，6 つ必要です。

四角形は，三角形 2 つ分です。
1 つの三角形で条件が 3 つ必要なので，3 × 2 = 6　6 つです。

本当だ！　この方法でも……
3 × 2 = 6　6 つです。

どんな方法でも，6 つの条件が必要ですか？

あっ！　1 つの三角形を描いた後に，四角形の 4 つ目の頂点エを見つければいいので，5 つの条件があれば作図できます。

友だちの意見や考えをもとに，最低いくつの条件があれば四角形を作図できるか？　挑戦してみましょう。

ただ合同な四角形を描かせるだけでなく，作図で必要となる条件の数に着

目させて考えさせる。そうすることで，子どもは，四角形を２つの三角形に分けること，そこから三角形の合同条件をもとに考えればいいのではないかということ，さらに最終的には，三角形の合同条件をもとに４つ目の頂点の位置を決めれば作図できるという見方へとつなげていった。

　発見した作図の視点をもとに，子どもたちは，四角形の構成要素や三角形の合同条件を確かめながら，楽しそうに合同な四角形をワークシートに書き込んでいった。

3. 「合同な四角形の描き方を発表しよう」

　次に，ワークシートを黒板に貼らせて，「三角形の合同条件＋使った条件」を明らかにさせながら，四角形の作図の手順を説明させた。そうすることで，方法の違いを明確にするためだけでなく，その後の子ども同士の話し合いで発見した数学的な見方・考え方を確実に定着させることができる。また，それぞれの見方・考え方のズレにも気付かせ，より周りの子どもたちの理解を図るために，発表ごとに効果的な言葉かけやゆさぶりを働きかけた。

　右の図は，子どもが発表した合同な四角形の描き方を，もとになる三角形

三角形を描いた後に，コンパスを使って点エを見つけたよ。
「三角形＋２本の辺の長さ」の５つの条件で描けます。

分度器で角イの大きさを測らないと，描けませんか？

四角形の対角線アウの長さをコンパスで測れば，合同な三角形アイウも作図することができるよ。
「３本の辺の長さ＋２本の辺の長さ」の５つの条件で描けます。

の合同条件ごとに整理していった結果である。「三角形の合同条件＋４つ目の頂点エの見つけ方」という問題解決する手立てを発見することで，どの子も主体的に多様な作図の仕方を見つけだしていった。そして，合同な四角形を描くときは四角形を２つの三角形に分けて，三角形の合同条件を適用すれば作図できるという数学的な見方・考え方を体得していった。そして，子どもたちはこの学習を通して，一番要素の数を少なくして効率的に作図するためには５つの条件を用いればよいことを発見していった。

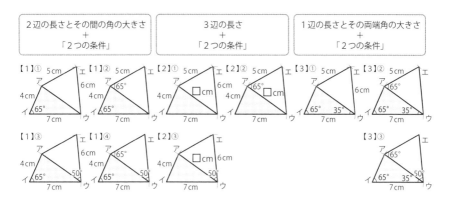

4.「五角形のときは，いくつの条件が必要かな？」

授業の最後に，学習のまとめとして，子どもたちに「合同な五角形を描くためにはいくつの条件が必要ですか？」と問いかけた。すると，子どもたちから「三角形に分ければ見つけられるよ」「合同な四角形の描き方を使って５つ目の頂点の見つけ方を考えればいいよ」……という声が上がった。そして，「四角形の合同条件＋５つ目の頂点の見つけ方」→「5＋2＝7」とノートに立

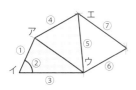

式して，７つの条件を使って，効率的に作図していった。このように，自分たちで見つけた見方・考え方が，他の場面でも使えるか，振り返らせることも数学的な見方・考え方を拡げていく上で，大切にしていきたい。

6

図形の角

岩手県盛岡市立緑が丘小学校　沼川 卓也

■ 本 時 の ね ら い

　多角形を知り，多角形の内角の和について，三角形の内角の和に帰着し，き
まりを見いだしたり，きまりが成り立つ理由を根拠を明確にして考えたりする。

■ 本 時 の 問 題

□角形の角の大きさの和を調べま しょう（□は３以上の整数とする）。	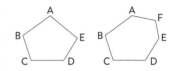

■ どのような見方・考え方を引き出すか

　多角形の構成要素である角に着目できるようにし，多角形の内角の和につい
て「きまりを見いだすこと」「根拠を明確にして説明すること」「きまりを基に
式化すること」などの考え方を働かせることができるようにする。

■ どのように見方・考え方を引き出すか

　導入では，五角形や六角形を提示し，３つ以上の直線で囲まれた図形が多
角形であることを教える。既習である三角形と四角形の内角の和を振り返る
中で，五角形や六角形も内角の和にきまりがありそうだと予感する上で，内
角の和を求める活動を行う。授業中盤においては，導いた内角の和を表にま
とめ，きまりを見いだし，説明する活動を行う。さらに見いだしたきまりの
理由を，図と表と式とを関連付けながら共有する。また，実態に応じて，三
角形に分割して求めてはいるが，多角形の内角の和以上の大きさになってい
る誤答（内角に当たらない部分を，求めた和から引いていない誤答）や，多
角形の内部に任意の点を取り，各頂点とを結び三角形をつくって求めた場合
の別解，□＋１角形は□角形に三角形を結合させればできるという別解等も

同時に扱う。授業後半においては，見いだしたきまりを用いて，七角形以上の自分で決めた多角形について，その内角の和を求めたり，式化して一般化したりする等，発展的に図形を考察する活動を行う。

■ **本時の流れ**

1. 「多角形の角の大きさの和を調べよう!」

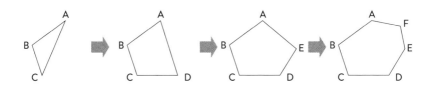

　本時は，前時までに三角形と四角形の内角の和の性質を導いた上で多角形の内角の和を求める。「内角の和は1つの頂点から引くことができる対角線が増えるのに伴って，三角形の数が1つずつ増えていくので180°分増えていく」という，本時のねらいに迫る見方・考え方を引き出すために，既習の図形，既習の内角の和を確認させる際に上図のようにアニメーションで五角形と六角形を提示した。「新しい頂点ができると1つ角が増える」等の構成要素への見方・考え方も扱いながら，多角形の定義を教え，本時の問題である「□角形の角の大きさの和を調べましょう」を提示した。

2. 「きまりが見えたって，どういうこと?」

　まずは，問題で提示した五角形と六角形の内角の和を導くことにした。先程のアニメーションを手がかりに，五角形と六角形を三角形に分割して，既習である三角形の内角の和を用いて答えを求めた。また，四角形を用いて分割して，四角形の内角の和を用いて答えを求めることもできた。既習を生かして，五角形内角の和540°，六角形内角の和720°と導いたことを価値付けた。この辺りで「きまりが見えた!」と子どもたちにスイッチが入ってくる。しばらく様子を見ると，見いだしたきまりを説明するために，表を用いて内角

の和を整理している子どもがいる。すかさず，この子の考えを取り上げ，全体で内角の和を表に整理した（下記板書参照）。

「きまりが見えたってどういうこと？」と問い返し，角の大きさの和が三角形の数に比例することや，三角形の数と角の大きさの和の2量について変化や対応の見方で見えたことを，表に矢印で書き込みながら説明し合い，見いだしたきまりを共有した。

きまりが見えたってどういうこと？

三角形の数が2倍3倍……になるのに伴って，大きさの和も2倍3倍……になるから，角の大きさの和は，三角形の数に比例しています！　例えば2倍だと……（表に矢印で書き加える）。

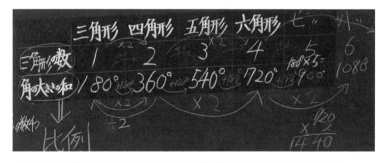

三角形が1個増えると角の大きさの和が180°増えています。五角形は，四角形に三角形を付けるとできるから180°増えます！

そっか！　だから，三角形1個付けると，次の多角形ができるから180°増えるってことか！　六角形以上の角の大きさも求められるよ！

三角形の数と角の大きさの和は比例している。しかも，180°ずつ変化していて，それは，三角形が1個付け加わるからというきまりを，みんなで見付けることができましたね。

3.「きまりは，本当に正しいと言えるのかな?」

　きまりを見いだし，さらに発展的に考えて盛り上がる子どもたちの中で，浮かない表情をしているA君がいた。右図のような解答で五角形の内角の和を求めていたのである。板書の表に位置付けた内角の和と異なるが，そもそもの三角形の数から違うのである。

　この考えを扱い，A君の内角の和の求め方を修正していく活動を行った。

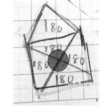

●の部分が内角の和以外の角であることを見抜き，五角形の内角の和が540°であることを説明する

A君はどこで，困っているの?

僕も，五角形を三角形だけで分けたんだけど，表の三角形の数が3個ではなく，5個になりました。計算すると180°×5＝900°で，角の大きさの和も違っています。みんなが見付けたきまりには納得はしたけれど……。

みんなが見付けたきまりは正しいと言えるかな?

……あ!　四角形の角の大きさの和のときみたいに1つの頂点から対角線が重ならないようにして三角形に分けてない!

だったら，四角形のときみたいに，余計なところの分，360°引かないといけないんじゃない?

180°×5＝900°は900°−540°＝360°余計!

やっぱり，みんなで見付けたきまりは正しいね!　1つの頂点から対角線が重ならないように三角形に分ければわかりやすい!

正解の途中の考えを修正していく活動を通して，1つの頂点から対角線が重ならないように三角形に分けた場合のきまりであると，みんなで見付けたきまりを見直すことができた。

4.「自分で決めた多角形の角の大きさの和を求めてみよう！」

みんなで見つけたきまりを使って，自分で決めた多角形の角の大きさの和を求めよう……って言わなくても考えているのがすごい!!

だったら，僕は一兆角形の角の大きさの和を求めよう!!

もしかして1つの頂点から対角線を引いて三角形に分けるから，いつも2少ないかも!!

　きまりが全体で共有され確信がもてると，自分で決めた多角形の角の大きさの和を求めずにはいられない。発問せずとも，発展的そして一般的に見方・考え方を働かせる姿をたくさん認めた。

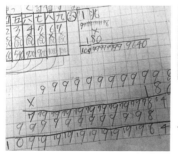

↑多角形の内角の和＝180°×（頂点の数－2）を説明する姿

←計算は間違っているが，一兆角形の内角の和を発展して考える姿

本時では扱わなかったが，
右図のように星型五角形の
内角の和を求めた子どもが

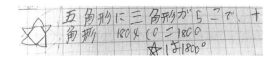

いた。授業後，誤答ではあるが，発展的に対象の図形に働きかけた姿勢を大
いに褒めた。誤答の要因としては，内角の和がどこかを見いだすことができ
ていないこと，内角以外の角を引くことの理解不足があった。本時までに，こ
の誤答を見越して，四角形の内角の和を求める段階から，子どもの思考を生
かして実感が伴う授業を展開したい。

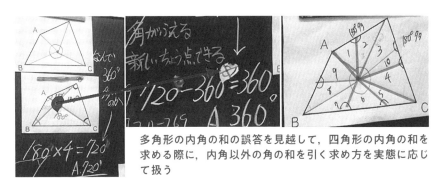

多角形の内角の和の誤答を見越して，四角形の内角の和を
求める際に，内角以外の角の和を引く求め方を実態に応じ
て扱う

また，本時では扱わなかったが，多角形の内角の和の求め方を式化する上
でも，以下のような別解も考えられる。本時において成長させたい見方・考
え方には，どのような数学的な活動をどのように構成していくか，既習での
定着具合や学級の実態に応じて，活動の有無，活動のタイミングや順序等に
こだわって，子どもたちと算数を創っていきたい。

●別解（多角形の内部に頂点を取り三角形に分割）

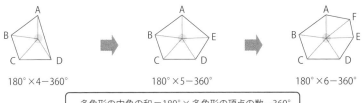

$180° \times 4 - 360°$ ⇒ $180° \times 5 - 360°$ ⇒ $180° \times 6 - 360°$

多角形の内角の和＝$180° \times$多角形の頂点の数$-360°$

整数の公倍数

静岡県静岡市立伝馬町小学校　大川拓郎

■ 本時のねらい

　乗法に着目して，整数の公倍数について考察することができる。

■ 本時の問題

> どの2つの整数を選ぶと，20までの公倍数が多くなるかな？

■ どのような見方・考え方を引き出すか

★ どの2つの整数を選ぶと，20までの公倍数が多くなるのか，さまざまな場合を考え，「偶数がよい」などと結果をまとめて考える帰納的な考え方。

・「どの2つの整数だと公倍数が多くなるのか知りたい，調べたい」という子どもたちの主体的な思い。

■ どのように見方・考え方を引き出すか

　「パチンナンバーゲーム」という学校図書の教科書で取り扱われているゲームを改良した「パチパチゲーム」を行うことにした。ルールは，1桁の整数のカードを2つのグループに引かせ，それぞれの整数の倍数のときは手をたたくこととし，2つのグループが同時にたたけた回数を点数とする。これにより，「2と3の倍数なら点数が多そう」「最初に3を引いたなら，次に4を引きたい」など子どもが自然に公倍数を考えることができると考えた。

　さらに，ゲームを繰り返すことで，公倍数が多い2つの整数の組み合わせは，偶数同士の組み合わせが多いことなどに子どもは気が付くだろう。ゲームの結果を子どもが自然と見直す（振り返る）ことで，20までの2つの整数の公倍数について，帰納的に考える姿を引き出したい。

　さらに公倍数の学習では，最小公倍数を求めることが多くなってしまいが

ちだが，このゲームでは公倍数が複数（無限）にあることを捉える機会とし，その中でも一番小さいものが最小公倍数であるという意識付けを図っていく。

■ **本時の流れ**

1. 整数カードを使ってウォーミングアップ!

　授業が始まり，早速整数カード（2～9）を1枚ずつ見せる。最初は見た数を全員に言ってもらう。次は，出た数よりも1大きい数，さらに出た数を2倍した数も言っていく。

　ウォーミングアップも兼ねたトレーニングだが，誰でもできるスタートで，これだけでも子どもたちから「面白い」のつぶやきが聞こえてきて，子どもたちの緊張感もほぐれてきた。さらに，この後使うカードを先に子どもたちに見せておくことで，どんな場合ができそうか想定する範囲を狭めることも狙っている。そして今日の「パチパチゲーム」について説明を行った。

○2つの班に1枚ずつカードを引いてもらう。
○その後，2つの班が同時に1から20までの整数を順番に言う。ただし，引いた整数の倍数のときは手をパチっとたたく。
○同じ数で手をたたけたら1点。

「やってみたい人？」と聞いても，まだ手が上がる数はまばらで，周りの様子を見ているのがわかる。それでもつぶやきの中に「2と3なら……」と公倍数が多い組み合わせを早速考えている子もいた。

2. 「どの組み合わせなら高得点になる?」と
　　自然に考え始めた子どもたち

　そこで，2回ゲームを行った。始めの2つのグループが引いた整数は「4」と「5」。みんなで一緒に「1，2，3……」と数えながら，倍数になったらその班のメンバー全員が手をたたいていく。4と5の倍数ではなかなか同時

にたたけないが，最後の20でぴったり手をたたく音が揃うと子どもたちから喜びの声が聞こえる。これで，始めの2つの班は1点獲得である。

　次の2つのグループは，「3」と「9」を引いた。「よし！」と喜ぶ声が聞こえてくる。「どうして？」と聞くと，「これなら2点取れるから！」と，すでに公倍数が見えていることがわかる。そこで本当にそうなるか確かめてみることにすると，やはり子どもたちの予想通り9と18の2回で2点を獲得することができた。すると子どもたちからつぶやきが聞こえてきた。

2と4ならなあ……。

どうして2と4がいいの？

だって，2と4は偶数だからさ！

4の倍数のときは，2の倍数だからいいんだよ！

偶数がいいんだ！

そうそう！　4と8も偶数だからいいよ。これなら，8と16で2点取れる。

偶数と偶数×2なら，一緒になるものが多いんだよ！

　しかし，また別の子が「でも，もう4は出ちゃってるよ」と指摘する。「そうなんだよー！」と共感する子どもの声。「だから，このときは……」と残りのカード「2，6，7，8」の4枚を見る。「あーあー，1があればなぁ」と言う子もいれば（今回「1」は全て手をたたくことになってしまうため，除いてあった），「それでもやっぱり偶数の2と6がいいよ」「小さい偶数の方が

いい」と２つの整数の公倍数を見て考えている発言が続いていった。

　しかし，実際にカードを引くと，まさかの「７」と「８」，クラス全体から「あー！」と残念がる声が響いた。

　公倍数の見方が子どもたちの中に自然に広がり，「２と４ならどうなるか調べたい」「偶数がよさそう」と，整数の性質に向かう子どもたちの主体的な態度が生まれていた。さらに「もう４はないから……」や「それなら２と６なら」と，さまざまな公倍数を子どもたちは考えていた。公倍数を１つにつき１点とすることで，最小公倍数だけでなく，20までの公倍数全体に目を向かせることもできた。こんな子どもの主体的な姿を褒めるとともに，パチっとたたくときの整数が２つの整数の公倍数であることを確認して１回戦目が終わった。

3. 「２回目は３つの整数でパチパチゲームをやろう！」

３つの整数でパチパチゲームをやろう！

３つでも，偶数がいいよ！　２点取れる！

他にもあるんじゃない？

３点取れる，整数があったぞ！

　ここで私は，２回戦目を「３つの班，３つの整数でパチパチゲームをやろう！」と投げかけた。

　公倍数について理解が十分でなければ，「何と何の整数が得点が多いの？」や「相性のよい整数の組み合わせを見つけよう」など，２つの公倍数をさらに深めることを狙うつもりだった。しかし，子どもたちにとって公倍数はか

なり定着していたため，さらに難しい問いを投げかけてみることにした。

　実際に3つの整数の公倍数となると，20までに公倍数があるのは「234」「236」「239」「245」「246」「248」「269」「346」の8種類である。

　そこで，子どもたちに，整数を選んでもよいという特別なルールを伝え，どの組み合わせがよいか先にノートに書くことにした。

　すると子どもたちからは先ほどの「偶数が有利」から，「248」を選び，公倍数は8と16の2つだと答える子が多かった。

　しかし，ある子が「公倍数が3つある！」というと，「そんなことある？」「偶数じゃないの？」など，驚きの声が聞こえてきた。「ええと，それなら……」と他の整数で確かめる子など，どの子も主体的に公倍数の多い整数の組み合わせを見つけようとする姿が見られる。

　その後，「236」が多いことに気付き，実際にゲームを行ってみると，6，12，18の3点を3つの班が獲得することができた。

4．「新しいルールを追加しよう！　整数の範囲を広げよう！」

　すると指名されなかった他の班から不満が出る。「先に選ぶ方が有利だよ」「だってもう2，3，6が使えないんだから……」と言う。

　私としては，2，3，6に気が付けたことで十分かと思っていたが，子どもたちはここからさらに思考を深めていき，残った4，5，7，8，9を使ってどうにか3点取れないか考え始めた。

　しかし，どうしても3点以上取れる組み合わせが見つからない。そこで，子どもたちに「20よりもっと大きな数まで言ってもいいよ」と整数の範囲を広げてもよいことを伝えると，「それなら40がいい！」とすぐに答えが返ってきた。「なぜ？」と問いかけると，「40までなら，公倍数のある組み合わせがある」「50までにしてくれたら別の組み合わせもあるよ」などと子どもたちからさらに公倍数が多く生まれる組み合わせを探そうとしている。

　しかし，ある子がここで「でも無理だ……」と嘆いていた。「80とか100ま

で増やしてくれれば，２点取ることはできるけど，50まででは，２点が限界だよ」と言う。増やすのは先ほどのやり取りの中で「50まで」と決めてしまったため，これでは２点以上取れないと言うのだ。

　すると子どもから

 1枚だけ，もう1回同じカードを使わせてほしい！

と子どもたちが自ら「ルールを変えたい」と発言した。教師が主体となって進む授業だったならば「ルールは教師が与えるもの」と思い込んでしまい，子どもたちが自ら「ルールを変えたい」という思いは引き出せないだろう。これは，子どもたちが主体的に考え，さらに「他のルールだったら３点にできる！」と発展的に考えた姿だと感じられた。

　その後，「それならばどれでも１枚もう一回使っていいよ」と言うと，「２，４，８」を使って，８，16，24，32，40，48と多くの公倍数を見つけることができた。

　終わってから，子どもたちに感想を書いてもらうと，「整数の性質がこんな風にできていてびっくりした」「いつもより頭を使いました」「仲のよい数字と，仲の悪い数字がよくわかりました」など，整数の性質を考えていたことがわかるものがたくさんあった。

　特に「２，４」「２，３」などの公倍数が多いことを「仲のよい数字」としたり，「６，７」など大きな整数の公倍数が少ないことを「仲の悪い数字」としたりする表現には，整数を乗法の見方で性質を感じていたことがわかる。子どもたちの主体的な行動があってこそ，数学的な見方，考え方が生かされるのだと改めて感じられた１時間となった。

◎ 参考・引用文献
• 一松信ほか(2015).『みんなと学ぶ小学校算数５年』，学校図書.

整数と小数・分数の関係

福岡県　高瀬大輔

■ 本時のねらい

　2÷3の商の表し方について，小数と分数，図とを関係付けながら考える活動を通して，整数の除法は商を分数で表すことができることを見いだす。

■ 本時の問題

> 2Lのジュースを□人で等分すると，1人分は何Lになりますか。

■ どのような見方・考え方を引き出すか

　分数が1を等分した大きさを表すという見方，及び，その図的な見方をもとに，2÷3の商について0.666……（循環小数）と $\frac{2}{3}$（分数）が同じ大きさを表すという新たな見方を引き出す。

■ どのように見方・考え方を引き出すか

　2Lのジュースを実際に提示して，「□人で等分する」問題設定を行う。2人で等分（1人分：1L）や4人で等分（1人分：0.5L）する場合を確認することより，問題場面のイメージができるだろう。すると，子どもたちにとっては，「もちろん2Lは3等分もできる」という見通しが立つ。しかし，実際に「2÷3」を計算してみると，0.666……（循環小数）と割り切れず，何とも腑に落ちない結果に出会う。ここが，既習の分数の見方と図的な見方を通して，分数の新たな見方を獲得していくきっかけとなる。

　「2Lは3等分できないのでは？」とゆさぶることで，子どもたちは液量図を用いて「分数だったら表せそう」と試みる。しかし，「$\frac{1}{3}$ L」「$\frac{2}{6}$ L」「$\frac{2}{3}$ L」と考えにズレが生じる。このときに，分数が1を等分した大きさを表すという見方をもとに，「1Lを3等分すると1人分が $\frac{1}{3}$ L」「2Lを3等

分すると$\frac{2}{3}$L」であることから，「$2 \div 3 = \frac{2}{3}$」となることを見いだすことができるようにする。そして，子どもたちの「$A \div B = \frac{A}{B}$」のきまりの予感を「たまたまじゃないかな」と切り返すことで，その一般化を図る。また，その後の単元の学びにつなげるために，「小数を分数で表せたのなら，分数も小数で表せるのかな」や「整数と小数・分数の関係をもっと調べてみたい」などの課題意識を引き出したい。

■ **本時の流れ**

1. 「学級全員がホッと安心するのは何人の場合かな？」

まず，子どもたちが学習場面を具体的に捉えることができるように，2Lのペットボトル（水入り）を提示する。そして，次のように問題を板書した。

> 2Lのジュースを□人で等分すると，1人分は何Lになりますか。

自然と「□人」の数について子どもたちの意識は向かうだろう。そこで，
「□人……学級全員がホッと安心するのは何人の場合かな？」
と問う。学級全員が確実に学習のスタートを切ることができるようにするためである。だからこそ，ここでは全員が□の数字を決めるのを待ちたい。

全員が数字を決めたところで，「さん，はい」と一斉に言わせる。「1人」「2人」「4人」の声。すぐに，数名の子が笑いながらツッコミを入れる。
「『1人』だったら確かにホッとするけど，『1等分』って変だよ」

こんな声が問題場面をぐっと子どもに引き寄せる機会になる。この小さな数に着目して考えようとする考え方のよさはしっかりと価値付けたい。

また，このとき「3人」とは言わない子どもたちの直観的な数感覚も面白い。しかし，まずは「2人」と「4人」の声に寄り添い，次のように問うた。
「『2人』でホッと安心する人はいる？」

全員が手を挙げた。そのわけを問うと「だってそのジュースを半分にするだけだから」「$2 \div 2$で簡単」「計算しなくても1人分は1Lとわかる」などの声。

板書後，続けて問うた。

「では，『4人』でもホッと安心する人はいるの？」

　今度は，全員の手は挙がらない。「2÷4で計算はできるけど，1人分が小数になるから……」「4人の場合も，2Lの半分の半分で計算せずに0.5Lとわかるけど，ホッとしない人もいると思うから……」などの声。このようにして，2等分や4等分する場合について，ジュースを等分する具体的イメージと式とを関連させながら学級全体で共有することができた。

【1人の場合】
・1人分……2L

【2人の場合】
・1人分……1L
（式）2÷2＝1

【4人の場合】
・1人分……0.5L
（式）2÷4＝0.5

---

2. 「3人では等分できないってことだね？」

　ここで，次の切り返す発問を行った。

「『1人』『2人』『4人』の考えは出たのに，『3人』の考えは出なかったね。3人では等分できないってことだね？」

「3人でも等分できるよ」と反応する子がいる中で，「そこなんだけど……」と数名が待っていたかのように反応した。すでに2Lの3等分についても，立式して1人分を算出していた子どもたちである。

「計算すると0.6666……って割り切れないよ」

「そうなの？　等分できるって言ってたよね？」

と問い返しているうちに，他の子どもたちも計算して割り切れないことに気付いていった。ここから，いよいよ授業の中心場面に入っていく。

3. 「ずいぶんとおかしな数になっちゃったね……」

　ところで，子どもたちは，計算結果「0.6666……」をどのように捉えているだろうか。もちろん，2Lを3等分した際の1人分のジュースの量「0.6666……L」であるが，「約0.7でいいんじゃない？」などの発言が聞かれる。こ

れは，式化により「0.6666……」の数が抽象化してしまい，その意味や大きさを見失いかける子が出てくるのである。

そこで，再び2Lのジュースを指しながら，あえて次のように働きかけた。
「ずいぶんとおかしな数になっちゃったね……」
「0.666……」という数量の意味と大きさを吟味する場の設定である。
「2等分で1L，4等分で0.5L，3等分ではその間
の量になるから0.666……はおかしな量ではないよ」
「0.666＋0.666＋0.666＝1.998だから，
0.666……はおかしな量とはいえない」
と「おかしな数」かどうかを吟味する中で，子どもが

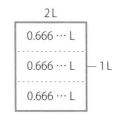

描いた上のような図をもとに「0.666……L」の数量の意味と大きさを学級全体で再整理することができ，見方・考え方を引き出す土台が整った。

4. 「割り切れないんだから，やっぱり2Lは3等分できないのでは？」

この後の教師の働きかけは，学級の実態に大きく左右されるだろう。例えば，「1人分の量をすっきりと表す方法はないかな？」や「小数以外の表し方はないだろうか」など他の表し方に視点を方向づける発問が考えられるだろう。私は分数の見方をあくまで子どもたちから引き出すことができるように，先の液量図を取り上げつつ，次のように問い返した。

割り切れないんだから，やっぱり2Lは3等分できないんじゃないかな？（図を指示しながら）

小数ではすっきり表せないけど分数だったら……。

こうして子どもたちが見通しをもつことができたところで，考えをノートに書く場を設定した。すると，想定していた通り，子どもたちの考えにはズレが生じた。「$\frac{1}{3}$L」「$\frac{2}{6}$L」「$\frac{2}{3}$L」（児童の割合：7割，2割，1割）の

3通りである。この背景には，子どもたちの量分数の概念理解の不十分さがある。しかし，その理解の不十分さを生かすことで，子どもたちのもつ見方・考え方を鍛え，学びを深めることができるのである。

5. 子どもの稚拙な見方・考え方を教師自身が背負う

　このように，まだまだ稚拙な見方・考え方も含めていくつかの考えを引き出して，「どの考えが正しいだろうか」とは問いたくない。学級全体でいくつかの見方・考え方を吟味し合う上で，その中に子どもの精一杯考えた稚拙なものがあるならば，その稚拙な考えを教師が背負うことが大切だと考える。ただし，同時に稚拙な考えを論理的な考えへと再構成させる仕掛けも必要である。そこで，先ほどの子どもが書いた図を用いて次のように指示した。

「なるほど，図をみると確かに $\frac{1}{3}$ L と考えられそうだね。$\frac{1}{3}$ L を確認するから，先生の指が $\frac{1}{3}$ L のところにきたら，ストップと言ってね」

　図の「0 L」からゆっくりと指を上げていった。子どもたちに，「$\frac{1}{3}$ L は 1 L を 3 等分した 1 つ分」であること，そしてよりよい図の必要性に気付かせるためである。多くの子が「ストップ」の声のタイミングを見計らっている中，数名が一番右の写真の段階で「ストップ」の声。「えっ？」と多くの子が，驚いていたため，私も驚いたように問い返した。

「えっ！　ここがストップでいいの？」

　やはり，2 L を全体と見ている子，1 L を全体と見ている子が混在している。「図は全体が 2 L だけど 1 L で考えなきゃ！」や「$\frac{1}{3}$ L は，1 L を 3 つに分けた 1 つ分の大きさでしょ」などの声により，$\frac{1}{3}$ L の意味を再確認する

ことができた。また同時に，よりよい図の必要感が高まった。

　子どもたちは，多くの子が2Lを1Lずつに分けた次のような図を描いた。
「この図は $\frac{2}{6}$ L と見たらいいのかな，$\frac{2}{3}$ L と見たら
いいのかな？」
と問うと，まだまだ $\frac{2}{6}$ L に見えている子も多い。し
かし，子どもたちは先ほどの分数の見方，図的な見方
を確認しながらこの課題を乗り越えていった。

　本時の学習過程を通して，子どもたちの稚拙だった
分数の見方や図的な見方が鍛えられたと同時に，「2÷
$3 = \frac{2}{3}$」と商の新たな表し方を見いだすことができた。

6.「2Lを3等分したときだけ，たまたまそうなったんだよ」

　子どもたちの中には，「$2 \div 3 = \frac{2}{3}$」により「$A \div B = \frac{A}{B}$」のきまりを予
感している子が5名いたが，まだ少ない。そこで，「○○さんが気付いたこと
を先生も自分で発見したいから，黒板を指さすだけで知らせてくれる？」と指
示した。すると，「割られる数と分子」「割る数と分母」をペアで指さし，他
の子どもたちも「あっ！」という気付きが学級全体に広がった。そこで，一
般化を図るために，このようにして帰納的な考え方を引き出した。

　あぁ割られる数が分子で割る数が分母ってことだ！

 たまたまそうなったんだよ。

　先生，他の数字の場合で試してみたらいいよ。

　そして，「4Lを3等分する場合」を検証場面とし，「$4 \div 3 = \frac{4}{3}$」を図で
確認後，「$A \div B = \frac{A}{B}$」を本時のまとめとした。

異分母分数の加減計算

北海道幕別町立札内南小学校　湯藤浩二

■ 本時のねらい

一つの分数の分子及び分母に同じ数を乗除してできる分数は，元の分数と同じ大きさを表すことを理解することができる。

■ 本時の問題

$\frac{4}{6}$ くじ。あたりはどれかな？

$\frac{12}{18}$	$\frac{6}{9}$	$\frac{14}{21}$	$\frac{8}{12}$	$\frac{10}{15}$

■ どのような見方・考え方を引き出すか

・分数を図で表すことで，同じ大きさの分数をさまざまな形で表現する。

★同じ大きさの分数をたくさんつくり，約分や倍分について帰納的に考えて捉える。

■ どのように見方・考え方を引き出すか

分数では，$\frac{1}{2}$ と $\frac{2}{4}$ など同じ大きさを複数の表現で表すことができる。こうした複数の表現が可能であるからこそ，異分母分数の加減計算も成立する。したがって，本時の指導が加減計算のカギとなる。

本時の中では，見方・考え方を引き出すために，くじ引きという設定を考えた。同じ大きさの分数を探すという目的意識のある活動を通し，見方・考え方を引き出しながら，約分や倍分の考えにたどり着けるからである。

授業では，まず $\frac{4}{6}$ と $\frac{8}{12}$ を扱い，この二つが同じ大きさかどうかを考える。同じ大きさと見えるかどうかを子どもたちは説明し始めるのだが，この活動

の中で，分子と分母の大きさに着目して図に表して考えるという数学的な見方・考え方が引き出されてくるのである。

さらに，あたりを調べていく活動を続けると，他の分数も図に表していくことになる。ところが，分母や分子の数字が大きくなるにつれ，だんだんと図に表しにくくなっていく。そこで，同じ大きさになった分数を並べてみるという手立てをとる。すると，$\frac{10}{15}$や$\frac{14}{21}$といった分数から，分子及び分母に同じ数を乗除してできる分数も大きさは変わらないというきまりが帰納的に見えてくる。いくつかの事例を同じ大きさかどうか考えていくという活動の設定により，分数の表現に着目しながら帰納的にきまりを見つけるという数学的な見方・考え方が引き出されるのである。

■ 本時の流れ

1.「$\frac{4}{6}$くじをしよう」

「$\frac{4}{6}$くじをしよう」と問いかけ，裏返しにしたカードを5枚黒板に貼る。引いてみたいという子どもを前に出し，カードを引いてもらう。一枚目は$\frac{4}{6}$ではない。続いて2枚目，3枚目……と進んでいくけれど，いつまでたっても$\frac{4}{6}$は出てこない。

最後の一枚を引いたあと「あら，全部ハズレだったねえ」とぽつんと授業者がつぶやく。するとくじを引いている途中からしゃべりたそうにしていた子どもが「違うよ。あたりがあるよ」と言う。

「どれがあたりなの？」と問い返す。その子は，「とりあえず$\frac{8}{12}$はあたり」と言う。周りの子どもたちはぽかんとしている。こうした子どもたちの間のズレが，授業を動かしていく。なぜ，友だちはわかるんだろうという気持ちが，子

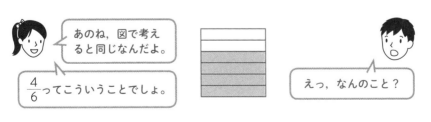

あのね，図で考えると同じなんだよ。

$\frac{4}{6}$ってこういうことでしょ。

えっ，なんのこと？

どもたちの考えを推進するのである。

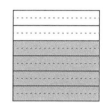

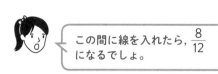

この間に線を入れたら，$\frac{8}{12}$
になるでしょ。

発言を聞いて納得した子どもが「それなら，$\frac{12}{18}$も同じでしょ」と言う。「今度は間に2本入れたらいいんでしょ」と続ける子どもが出てくる。ここは焦らず，全員が理解するのを待ちたい。あえて「それってどういうことなの？」と聞き返すと図を描き始める子どもが出てくる。

数字だけでは，大きさは見えない。特に分数は見えにくい。そんなときには図に表すという数学的な見方・考え方を働かせるとよい。図に表すことで，同じ大きさの分数が視覚的に明確になるのである。

また，分数の特徴として，同じ大きさを表す複数の表現があることがあげられる。$\frac{1}{2}$も$\frac{2}{4}$も同じ大きさであり，それを違う表現で表すことができるのである。こうした表現のよさが，異分母分数の加減計算にもつながる。

同じ大きさの分数を見つけるという活動の設定によって，この図に表すという数学的な見方・考え方が引き出される。また，同じ大きさを表す複数の表現が可能であるという分数のよさも感得されるのである。

2.「他の分数はどうだろう？」

ここまできたら，他の分数も確かめてみたくなってくる。今，残っている分数は$\frac{6}{9}$，$\frac{10}{15}$，$\frac{14}{21}$。ただ，図で考えるのはそろそろ限界になってくる。分母の大きな分数は，図に表して考えるのには向いていない。加えて，間に線を入れるという方法では，これらの分数は解決できない。

本時はあえて$\frac{4}{6}$くじという設定である。$\frac{2}{3}$くじならこれらの分数も解決できるのであるが，あえてそうはしていない。自分たちのもっている方法では

解決できないときに，子どもたちは数学的な見方・考え方を発揮する。不便な状況に追い込むことで，子どもたちを動かすのである。

「他の分数はやっぱりハズレなのかな？」という授業者の問いかけに，子どもたちは友だちと相談しながら考え始める。中には，これまで描いた図の中に線を入れようと試みる子どもも出てくるが，うまくはいかない。

「4の段と6の段になっていればなあ」とつぶやく子どもが出てくる。この子どもは，分子と分母の数に着目しているのである。「どういうこと？」と問い返すと，分数を並べて話し始める。

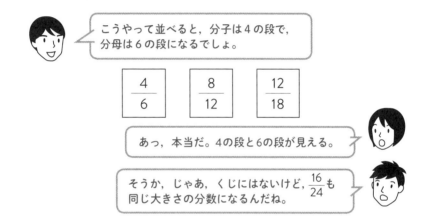

こうやって並べると，分子は4の段で，分母は6の段になるでしょ。

$$\frac{4}{6} \qquad \frac{8}{12} \qquad \frac{12}{18}$$

あっ，本当だ。4の段と6の段が見える。

そうか，じゃあ，くじにはないけど，$\frac{16}{24}$ も同じ大きさの分数になるんだね。

　友だちの話を聞くうちに4の段と6の段が見えてくる。今までバラバラに見えていた分数が，分子と分母の数字の大きさの順に並べることで，横につながって見えてくる瞬間である。ここまで来たら「分母と分子に同じ数をかけても，分数の大きさが変わらないこと（倍分）」を指導する。倍分は，この先の通分でも使う知識及び技能である。したがって，このように目的意識のある場面で出会わせることで生きて働く知識及び技能としたい。

「4の段と6の段じゃない $\frac{6}{9}$ と $\frac{10}{15}$，$\frac{14}{21}$ はハズレだね」と，あえてここで繰り返す。すると「いや，違うんだよ。4の段と6の段じゃないんだよ」と言う子どもが現れる。

2の段	12	6	14	8	10
3の段	18	9	21	12	15

ほら，こうやって並べれば，2の段と3の段になるでしょ！

あっ，本当だ。全部あたりになるよ。

ということは $\dfrac{2の段}{3の段}$ ならあたりってこと？

　カードは自由に並べ替えることができるところが長所である。本時でも，分子と分母の大きさの順に並べてみることで，2の段と3の段が見えてくる。4の段と6の段を並び替えてみるという経験を直前にしているため，この場面でも，子どもたちはカードを並び替える。

　本時では，このように提示されたくじを，数字の大きさの順番という視点で並べ替えたときにきまりがでてくる。そのきまりにより，すべての分数が「同じ」大きさに見えてくるのである。授業で「同じ」が見えたときに，どこに着目し，どのように考えて同じとみているのかを明確化することで，子どもたちの気付きが生まれる。本時でいうと，くじを並べ帰納的な考え方を引き出していくことで，子どもたちは，約分や倍分が，生きて働く知識及び技能として習得されていくのである。

3.「他にあたりになる分数はあるかな？」

　ここまで学んできた子どもたちは自分たちで同じ大きさの分数を増やしていく方法を理解している。これらの方法を生きて働くものへと育てていくためには，自分で使ってみることが大切である。そこで，実際につくらせていくために「他にあたりになる分数はあるかな？」と問いかける。すると，子

どもたちは，どんどん分数をつくり始める。

「この先はまず，$\frac{16}{24}$ でしょ。それから「$\frac{18}{27}$」「次は $\frac{20}{30}$」「ということは，$\frac{200}{300}$ とかもできるね」と話が進んでいく。×10が出てくると，×100や×1000と，どんどん発展させる子が出てくる。こうなれば，倍分について理解している状態になったと判断できよう。このように倍分という方法を知った子どもたちに，実際に使わせることで，この方法が生きて働く知識及び技能となっていくのである。

4.「このくじの名前は?」

最後に，改めてこのくじの名前を聞く。すると，子どもたちは口を揃えたように「$\frac{2}{3}$ くじ」と言う。「どうして?」と問い返すと「それが一番小さい数だから」「大元の分数だから」と言う。

「$\frac{2}{3}$ っていうくじはないけれど?」と言うと，子どもは「同じ数でかけて分数を増やしたのだから，割ってもいいでしょ」と言う。「最大公約数で割れば，一発でできるよ」と言う子もいる。「$\frac{12}{18}$ を÷2して $\frac{6}{9}$，次に÷3をして $\frac{2}{3}$ としてもいいけれど，最初から÷6をしたらすぐに $\frac{2}{3}$ になるっていうこと」と説明をしてくれる。

中には先ほどの図を出して説明する子どもも出てくる。図を元に，ここで約分を指導すると，効果的であろう。

間の線をとれば，$\frac{2}{3}$ になる

くじという設定で，分数を図で表すこと，分数を並べて帰納的に考えることという二つの見方・考え方が引き出される。その見方・考え方によって倍分・約分が生きて働く知識及び技能として子どもたちのものとなるのである。

10 ならした大きさ

熊本県山鹿市教育委員会　百田止水

■ 本時のねらい

　大きさの違ういくつかの量をならして考える場面を通して，平均の意味や計算の仕方について理解することができる。

■ 本時の問題

> この牛は1日におよそどのくらいの量の
> 牛乳を出すといえるだろうか。

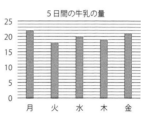

5日間の牛乳の量

■ どのような見方・考え方を引き出すか

①測定した結果を多いところから少ないところへ移動しながらならして平均する見方・考え方を引き出すようにする。

②測定した結果を全て足し合わせたのち等分して平均する見方・考え方を引き出すようにする。

■ どのように見方・考え方を引き出すか

　①については，「ならす」方法が考えやすく，平均の意味がわかりやすい教具を工夫する。まず，測定した結果を棒グラフで提示することで，1日の牛乳の量が見当付けやすくなり，同じ大きさの量にならす操作を通して理解できるようにする。②については，計算の式と絵やデジタル教材を結び付ける活動を設定する。絵やデジタル教材を活用して，グループや学級全体で平均を求める式を説明する活動を行うことで，平均とその計算方法をより深く理解させる。

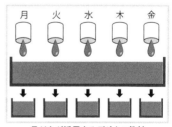

子どもが活用するデジタル教材

■ **本 時 の 流 れ**

1. 「ならす」必然性のわく教材を提示する

生活の中から教材を設定することで，子どもたち
が興味・関心を高め，具体的に数量を意識しながら
実感のわく課題をもつことができるようにする。牛
のイラストを提示し，「この牛は，どれくらいの牛乳
を出すと思いますか？」と子どもたちに投げかける。

子どもたちは，「2L……5L……20L」などと思い思いに牛乳の量を考えて
いった。そこで，5日間の牛乳の量を子どもたちに提示する。

子どもたちに提示する牛乳の量は次の棒グラフの通りである。子どもたちは，
それぞれに棒グラフを見て気付きを話していった。

> ・えーっ思ったよりいっぱい
>   牛乳が出ている。
> ・月曜日が一番多い。
> ・いつも20Lぐらい出ている。

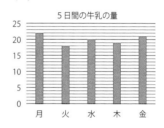

このような子どもたちのつぶやきを拾いながら，次のような課題を設定する。

> この牛は，1日におよそどれくらいの量の牛乳を出すといえるだろうか。

子どもたちは，月曜日から金曜日までの1日ごとの牛乳の量が違うことか
ら「ばらばらでわかりにくい」や「だいたいならわかる」と感じる子どももい
る。そのような子どもたちの声も取り上げながら，問題解決の見通しをもた
せていく。

2. 自分なりの方法で問題を解決する

見通しをもたせた後，棒グラフを1人1人に配布し，1日の牛乳の量を考

えさせる。また、ノートを活用して、さまざまな方法で問題を解決するようにする。子どもたちが取り組む方法は、次のようなものである。

【棒グラフを使ってならす】

　子どもたちに棒グラフを配布し、自由に書き込ませながら牛乳の量を操作ができるようにする。そのことで、子どもたちは、棒グラフの凸凹をならしたいという思いをもち、右の棒グラフのように鉛筆で棒グラフに書き加えながらならす活

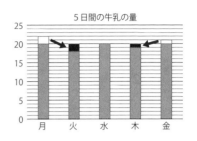

動を行っていった。この活動を通して、測定した結果を多いところから少ないところへ移動しながらならして平均する考えを見いだすことができた。

【計算で求める】

　すでに平均という考えを予習している子どもたちは、計算で求めようとする。子どもたちの計算は、次の通りである。

22＋18＋20＋19＋21＝100

100÷5＝20　　　　　　　　1日20Lになる

　計算で1日の牛乳の量を求めることができた子どもには、その説明を考えさせるようにする。

3.　自分なりの考えを発表し話し合う

　子どもたちは、自分なりの解決方法を棒グラフや式を用いてみんなに説明していった。棒グラフを使って牛乳の量をならしていった子どもは、次のような考えを説明していった。

22Lの2Lを18Lに21Lの1Lを19L
に移すと全部20Lになります。

棒グラフを同じ高さにならす
とみんな同じ量になります。

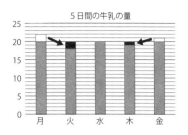

次に，計算で求めた子どもの説明をさせる。

・計算で求めました。22＋18＋20＋19＋21＝100　100÷5＝20で20Lに
　なります。全部の量を足して，5で割ると20Lになります。
・なぜ，全部を足して，5で割るのですか？

「なぜ，全部を足して，5で割るのか？」という素朴な質問に，うまく説明
をすることができない子どもも多くいた。そこで，この式にある事象を絵に
表現させる活動を設定する。また，必要に応じてペアやグループで話し合う
ことで，測定した結果を全て足し合わせたのち等分して平均する方法を導き
出すようにする。

まず，全部をひとまとまりに
して，その後同じ量ずつ5つ
に分けると1日分が出ます。

ばらばらの量を同じ量になら
すことができています。

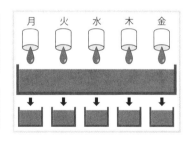

　子どもたちは，自分たちで表した絵を使って式を説明することで，測定し
た結果を全て足し合わせたのち等分して平均する方法を自分たちで見いだし
ていくことができた。また，デジタル教材を活用して，映像でならす様子を

見ることで，式の意味を理解することができた。このようにして，子どもたちは，２つのならすという考えを学ぶことができた。

4. 「ならす」「平均」の意味と用語・計算の仕方をまとめる

　教科書を活用して「ならす」「平均」の意味と用語を確認する。そして，平均の計算の仕方をまとめていく。

> このように，いくつかの数量をならすことを平均といい，計算で求めるには，合計÷個数で求めます。　　平均＝合計÷個数

　平均を求める計算の仕方をまとめた後，１つの式に表して求めさせる。

　　$(22＋18＋20＋19＋21)÷5＝20$　　　　1日20L

5. 練習問題を解く

　子どもたちが解く練習問題は次の通りである。

> この牛が月曜から土曜まで出した牛乳の量は次の通りでした。1日平均何L出しましたか。
>
> 月曜から土曜までの牛乳の量（L）
>
> | 月 | 火 | 水 | 木 | 金 | 土 |
> |---|---|---|---|---|---|
> | 23 | 19 | 21 | 18 | 22 | 23 |

　　$(23＋19＋21＋18＋22＋23)÷6＝21$　　　　1日平均21L

　この他にも類似問題を複数練習問題として準備することで，子どもたちの個人差に対応しながら学習内容の定着を図るようにする。

6. 身の回りから平均が使われているところを見つける

　学習の終わりに，平均が使われている場面を探したり，紹介したりする活

動を通して，日常生活の中で平均の考え方が使われていることに気付かせるようにする。子どもたちが，見つけた平均は次のようなものでした。

・スポーツテストの結果で，「平均」を見ます。
・身長や体重の「平均」もあります。
・気温も「平均」で表すことが多いです。

　子どもたちは，さまざまな体験を想起して，日常生活の中で使われている「平均」を見いだし紹介することができた。友だちの発表を聞くことで，「平均」が日常生活の中で多く使われていることに気付くことができた。

■ 授業を終えて

　授業を終えての子どもたちの声は次の通りである。

・「平均」という言葉は知っていたけれど，棒グラフを移動させながら，ならして同じ量にすることがよくわかりました。
・計算の意味を式だけで説明するのは難しかったけれど，絵を使い友だちと一緒に話し合うことで計算の意味がわかり，説明しやすくなりました。

　乳牛に興味・関心をもたせながら，課題設定をすることができた。また，5日間の牛乳の量をもとに，1日に出る牛乳の量を考えるという課題で「ならす」必要性に迫ることもできた。

　平均の数値を20Lにして，棒グラフを多い方から少ない方に移す教具や棒グラフのシート，デジタル教材を活用したことで，「ならす」という意味を視覚的に捉えさせることができた。平均を求める計算については，式のみではなく絵と結びつけながら説明させたことで，意味の理解が深まっていった。デジタル教材を用いて，子どもの説明に合わせて，絵を変化させることで，平均の見方・考え方をよりわかりやすく理解することができた。

11

単位量当たりの大きさ

福島大学大学院人間発達文化研究科　小松信哉

■ 本時のねらい

　単位量当たりの大きさを用いて比べるとより能率的に比べられることと，長さや重さなどの基本的な量との違いを理解することができる。

■ 本時の問題

		人数（人）	面積（m²）
⑦と⑦と⑦の3つのシートがあります。表は，シートに座っている人数とシートの面積を表しています。混んでいる順番を調べましょう。	⑦	16	8
	⑦	9	5
	⑦	8	6

■ どのような見方・考え方を引き出すか

①ある二つの数量の関係と別の二つの数量の関係に着目し，一方の量を単位量当たりの大きさに揃えて，他方の量で比べようとする。

②長さや重さなどの基本的な量との違いに着目し，その違いを具体的な場面のイメージを基に数学的に表現する。

■ どのように見方・考え方を引き出すか

　①については，公倍数（最小公倍数）に揃えて比べようとすると比べにくい「場面や数値」を設定する。また，子どもの「困り感」を引き出したり「理由や事実」に関わる「問い返し」をしたりする。

　②については，長さや重さなどの量との違いを，式の意味及び単位に着目しながら説明させる。

■ 本時の流れ

1. 「前の時間までどのようなことを学習しましたか。
　　説明しましょう」

「混んでいるとはどのような状態のことを言うのか」「混み具合の比べ方はどのようにすればよいのか」を具体的な場面で考えた。

【前の時間までの学習内容（２時間分）】

・かたよりがないように並べて考えること。

・面積か人数どちらかが揃っているときは，揃っていない量の大小で比べることができること。

・面積と人数がそれぞれ揃っていないときは，かたよりがないように並べて考えることで，面積が２倍，３倍……になると人数も２倍，３倍……になると考えることができるため，面積か人数の一方の量を公倍数（最小公倍数）を用いて揃え，他方の量の大小で比べることができること。

※面積と人数の差で比べる考え方も吟味した。

自分のノートを見ながら，どのようなことを学習したのかを隣同士で説明し合う場を設ける。

2. 「混んでいる順番を調べましょう」

【問題】⑦と⑦と⑦の３つのシートがあります。次の表は，シートに座っている人数とシートの面積を表しています。混んでいる順番を調べましょう。

	人数（人）	面積（m²）
⑦	16	8
⑦	9	5
⑦	8	6

　子どもたちは，人数か面積のどちらかを揃えて比べようとする。「人数を揃

11

えるのは大変だ」という声が聞こえてくる（人数を揃えようとすると，最小公倍数は144になる）。面積を揃えようとすると，8×5×6＝240でもよいが，最小公倍数は120である。どちらの量を揃えるにせよ，計算が少々面倒である。「面倒だ！」という感覚をもたせることが重要である。

T：困っていることはありますか？

C1：公倍数で揃えると，できることはできるけれど，計算が面倒です。

C2：混んでいる順番だけなら，だいたいの計算でわかります。

T：どうして，だいたいの計算でわかるのですか？

C2：㋐は，人数が面積の2倍，㋑と㋒は2倍にはなっていません。だから，㋐が一番混んでいる。次に，㋑と㋒では，㋑は面積の2倍より1少なく，㋒は4少ない。だから㋑の方が混んでいる。

C：2倍とか，1少ないとか……，どういうこと？

T：そうですね。どういうことかな？　みんなで，C2さんの考えを想像してみましょう。

「㋐は，人数が面積の2倍」という発言を取り上げ，その意味を考えることにする。

T：16÷8＝2は，どのような意味ですか？

C：16は人数，8は面積を表していて人数は面積の2倍ということです。

T：人数は面積の2倍って，どういうことですか？

　単位量当たりの大きさを求めている式であることを捉えさせるために，図に表現することを求め，全員で考えることにした。

「結局こういうことか……」というつぶやきが聞こえてきたので，その子を指名し，「結局，どういうこと？」と問い返すと，次のような説明をした。その子なりのわかり

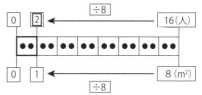

・人数の16を8で割って1m²の人数を求める式
・1m²に2人いる

方であり，共感する子どもも多
かった。

「面積の8を，8で割れば1m²
になる。同じように，人数の16
も，8で割るので，2人になる」

	人数（人）	面積（m²）
㋐	⑯	⑧
㋑	9	5
㋒	8	6

16 ÷ 8 = 2

8 ÷ 8 = 1

シート㋑と㋒についても，各自が図などで考える時間を設けた。

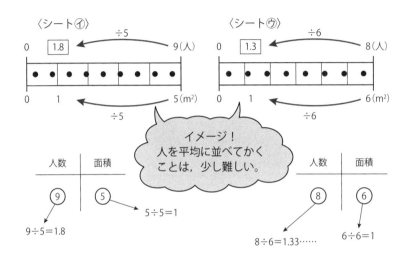

ここまでの学習を一旦振り返り，各自が，学んだことをノートに整理する
時間を設けた。

3.「1にする量を変えてみましょう」

混んでいる順番を調べるために，「1m²当たりの人数」を求めた。またそ
の過程で式や商の意味を考えてきた。そこで今度は，「一人当たりの面積」で
混み具合を確認する時間を設けた。

各自，図を用いて考えたり，計算で考えたりと，自分がイメージしやすい
考え方で取り組んでいた。

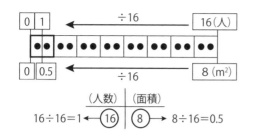

⑦のシートについては,「1人につき,0.5m²ある」と子どもたち。

図によるイメージと形式的な処理の両方で確認する。

④と⑨については,④は一人につき0.555……m²,⑨は一人につき0.75m²と求めることができた。商のイメージを子どもたちと確認し,「一人につき,もっている面積が狭い方が混んでいること」を丁寧に抑えていく。隣同士で図などをかきながら説明し合い,最後は必ず各自がノートに整理する時間を設けることで,確かな理解を図った。

4.「いろいろな量について振り返りましょう」

「今まで,いろいろな量について比べてきましたね。例えば,長さや重さがあります」

単元の導入で,今まで学習してきた基本的な量(長さや重さなど)と比較し,混み具合のように,一つの量では比べられない量があることを理解させる展開も考えられる。本実践では,単位量当たりの大きさについて理解した後,今までの量について振り返り比較することにより,異種の二つの量の割合として捉えられる数量を明確化しようと考えた。

T:長さや重さの場合,16÷8=2という式を見たとき,どのような場面をイメージしますか?

C:「16mのリボンと8mのリボンがあって,16mのリボンは8mのリボンの2倍の長さ」という場面です。

C:「16gの石と8gの石があって,16gの石は8gの石の2倍の重さ」という場面です。

T:16÷8=2の16と8の単位はどのようになりますか?

C：長さの場合は，16 [m]÷8[m] ＝ 2。重さの場合は，16 [g]÷8 [g] ＝ 2。

T：商の2はどうですか？

C：2のところは「倍」です。

T：混み具合を比べたときの式16÷8＝2の場合の単位はどのようになりますか？

　混み具合は，一つの量だけでは比較することができない事象であることを明確化するために，数値の単位について発問をした。

　子どもたちは，16は人数を表していて，8は面積を表していることから，16（人），8（m²）は容易にかくことができたが，商の2のところをどのようにかけばよいのか迷っていた。

うにかけばよいのか迷っていた。
　隣同士で相談する時間を設けたり，アイディアを共有したりしながら，子どもたちなりのかき方が表出された。

【子どもたちのアイディア】

$$\frac{人}{m^2} \quad (m^2, 人) \quad (m^2に何人) \quad (何人いるか，m^2の中に) \quad (人，m^2)$$

※（　）や「,」は教師が付けた

　子どもたちは，「長さや重さの場合は単位が一つだけど，混み具合の場合は，単位が二つ」「2のところのかき方が違う」などと述べていた。

◎ 参考・引用文献
• 坪田耕三 (2014)．算数科授業づくりの基礎・基本，東洋館出版社
• 文部科学省 (2018)．小学校学習指導要領（平成29年告示）解説算数編．pp.264-266.
• 文部科学省国立教育政策研究所 (2019)．平成30年度全国学力・学習状況調査小学校算数報告書．pp.37-43.

本実践は，過去の実践を基に「参考・引用文献」を用いて加除・修正したものである。

12

速さ

東京都江戸川区立南篠崎小学校　木村知子

■　**本時のねらい**

　速さは作業量と時間の2量で表すことができ，作業量・時間のいずれかを揃えれば速さを比べることができることを理解する。

■　**本時の問題**

> 「豆ひろい」競争を，豆15個を何秒で拾えるかと1分で何個拾えるかでそれぞれ競争します。速さをどのように比べていますか。

■　**どのような見方・考え方を引き出すか**

・速さは作業量と時間の2量で表すことができ，作業量・時間のいずれかを揃えれば速さを比べることができること。

★日常の速さ比べについて，作業量（道のり）と時間のどちらで比べているか考えること。

■　**どのように見方・考え方を引き出すか**

　実際に「豆ひろい」競争を体験させることで，まず豆15個を何秒で拾えたら「速い」のか明らかにする。豆15個が作業量として揃っているのでかかった時間が短い方が速いとなる。次に他に「豆ひろい」の速さを比べる方法はないか子どもたちに問い，一定の時間で豆が何個拾えたかで速さを比べる。この場合は時間が揃っているので，豆を多く拾った方が速いとなる。

　次に日常の速さ比べについて子どもたちの経験を聞いていく。スポーツテストで登場する50m走，20mシャトルラン，持久走の練習で行う3分間走，水泳の25m自由形，だるまさんがころんだ，漢字テストの書き取りの速さ，体育着に着替える速さ等，これらのそれぞれについて作業量（歩いた道のり）

と時間のどちらを揃えて速さを比べているのかを整理する。速さはいずれも作業量（道のり）か時間を揃えて比べていることに気付かせたい。

■ **本時の流れ**

1. 「豆ひろいをして遊ぼう！　だれが1番かな？」

> 準備するもの：
> 「豆ひろい」を班4人程度で競わせるため，大豆2袋程度，班の数だけの小皿2つと箸1膳，ストップウォッチを用意しておく。第1回戦目の豆15個はあらかじめ小皿に分けておくとよい。また，豆ひろいの経験がない子どもたちの場合は，本時の前に1分程度で何個拾えるか遊んでおくとよい。

　本時は「速さ」の導入として1時間設定した。最初「今日は豆ひろいで遊ぶよ」と呼びかけ，どのような遊びか，まずは子どもたちの言葉で確認する。大豆を箸で摘んで別の皿に移す遊びだと，説明された。まずは1分弱で運び切れる豆15個を移動するのに何秒かかったかを班の4人で競うこととした。「どうなると1番になるのかな？」と問うと「15個の豆を短い時間で移動させた人が1番になる」と子どもたちは説明した。第1回戦。各班での1番を報告させる。1分を切る子が多く，40秒台の強者が出るとクラスで「おおー！」と歓声があがる。この時間の短さで競う速さは，体力テストでおなじみの50m走，水泳の上級タイムコースなど，子どもたちが日常経験しているものなので，理解しやすいようだ。

豆の数を15個にしたときの，1番の人って？

全部の豆を短い時間で移動させた人。その人が1番速い。

　次に「第2回戦は別の方法でやりたいんだけど」と持ちかけると，「何個豆

をつかめたか」「1分で何個つかめたか」「30秒で」と子どもの口から別の遊び方が飛び出す。一般に豆ひろいで競う場合は，この同じ時間で何個拾えたかで競っているからだろう。これらの子どもの言葉はさっと板書して，すぐに第2回戦を始める。揃える時間は子どもたちに決めさせるとよい。1分と30秒が出たので，どちらがいいか聞くと，1分が多かった。そのため第2回戦は1分で豆をどれだけの数移動できるかで競うこととした。追加の豆50個程度を配り，第2回戦。

　各班での報告の際，「時間を1分にしたときの，1番の人って？」と問うと子どもたちは「1番多く取った人」と答えた。

時間を1分にしたときの，1番の人って？

豆を1番多く取った人。その人が1番速い。

　クラスでの1番は（1分で）36個取ったA子だった。ここで第2回戦の時間を揃えて速さを競うとはどういうことか整理する。「Aさんが36個で，これは1番多く取れたともいえるし，他の言い方ってできるかな？」と問う。子どもたちは「速く取れた」「1個ずつ取るのが速かった」「速い時間で1個を取れた」「1分間に多く取れた」「取るのが上手」と説明した。ここでは子どもの速さを表す発言をポンポンポンと引き出し，その中から**時間で揃えて作業量が多い，単位量当たりの大きさで学習した見方・考え方**に結びつく時間当たりに豆を多く取ったという発言「1分間に多く取れた」を掘り下げていく。「みんなの説明を聞くと，1分間に多く豆が取れた人が速いとなるのね。クラスの中で1番多く豆を取れたAさんということは，1分で比べたから，1分で多く豆を運べた人が速いとなるんだね」ここでは，整理しながら図で示して時間を揃えて作業量（豆の量）が多い方が速いということを押さえた。

　第2回戦終了後に子どもたちに豆が上手くつかめたか聞くと「最初は全然

●豆の数が多い方が速い

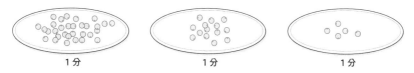

| 1分 | 1分 | 1分 |

ダメだったんだけど，コツをつかんでからは段々速くなってきた」「でもさ，途中で豆がお皿の外に跳んでっちゃって大変だったよ」「そうそう，なんかつかみにくい豆があるし」と，豆を移動させる速さが一定ではなかった話が出てくる。これは実際の速さの話で，速さは変動するものである。「じゃあ，1分間の最初と途中と最後の時点の豆の数も比べた方がいいかな？」と問うと，「え？比べる必要ないでしょ。だって時間内に何個取れたかで競ってるんだから，最終的に豆の数が多い方が勝ちだよね」「そうそう。途中でどんなに多く取っても，最後にちょっとしか取れなかったら負けだもん」「最初，途中，最後の豆の数の平均が多い方が速いってことになる」

2. 「日常の中にある速さはどっちで比べてるんだろう？」

　その後，日常の中にある速さ比べについて出させると，子どもたちからは，50m走，競馬，水泳，時計，風速（5年生理科では秋頃に台風を学習する），持久走大会，テストを解く時間などの例が挙げられた。それらの例をカードに書いて，豆15個の距離・作業量を揃えた速さ比べなのか，1分間の時間を

速さを比べるときに何を同じにしているのかな？

距離を同じにして速さを比べる。

時間を同じにして速さを比べる。

揃えた速さ比べなのかを一つ一つ子どもたちに説明させて，確認していく。子どもたちには豆ひろい遊びを通して見えてきた「何を同じにしているのか」という着目点を確認しながら話し合いを進めていくことが大切である。子どもたちには「揃える」よりも「同じ」が理解しやすいようだ。

　確認する順序は①距離を揃えた速さの比べ方，②時間を揃えた速さの比べ方，③どちらの比べ方もできるもので整理しながら押さえていくと，子どもたちにも理解しやすい。

①距離・作業量を揃えた速さ比べ

「50m走は豆15個と一緒で距離を同じにして時間で競っているから」「競馬はスタートからゴールまでの距離が一緒。どの馬が速く着くかで速さを比べてるから，タイムは出ないけど比べてるのは時間だから，50m走と同じ」「水泳大会で25mを何秒で泳げるかも50m走と一緒」「そう考えると，陸上競技や水泳競技も速さを競うのは50m走と同じなんだね」と，距離が揃えられゴールまでの時間を競う競馬，水泳の25m競技は豆15個と同じとなった。また，どのクラスにもいる体育着などに着替えるのがやたら速い子については，服が作業量で時間の短さで速さを比べているとわかった。

②時間を揃えた速さ比べ

　だるまさんが転んだは「だるまさんが転んだ」と言う間に鬼により近づけた（移動距離が多い）人が速いとなる。「だったら20mシャトルランもそうじゃない？　ドレミの音が終わる間に速くゴールに着いた人が速いでしょ」「時計の針も同じだと思う。時計の針が1時間当たりに長針は360°短針は30°移動するから長針の方が速いって言えるよね」

　時間を揃えるとは1時間当たりだけではなく，音や声を出している間の時間も当てはまるとわかった。5年生理科の台風の学習では風速が登場する。低気圧の最大風速が秒速17m以上のものを台風と呼ぶ。風速17mが1秒間にお

よそ教室の縦２つ分を移動する速さと言うと子どもは一様に声をあげて驚くから可愛らしい。秒速の計算の仕方はこの先の学習に譲り，まずは風速を実感させたい。

③どちらの比べ方もできるもの

　子どもたちと話し合っていると，どちらの比べ方もできるものが出てくる。何を揃えて速さを比べているのかを押さえながら整理する必要がある。持久走では，決められた周回のタイムで競う方法と，３分間での周回の多さで競う方法が挙げられた。子どもたちの経験から速さの比べ方が違ったことがわかり「ああ！　そうか」と声を上げて納得している姿が見られた。子どもたちが日常目にしているテストも速さ比べに登場する。「100問あるテストで，５分で全部解くのは無理じゃないですか。５分の時点で50問解けた人は40問解けた人より速いってことですよね」これは時間を揃えた作業量での速さ比べである。「あ，それだったら100マス計算でタイムを取るじゃない？　あれは50m走と同じってことか」同じテストでも何を揃えるかで速さの比べ方が違うとわかった。

　最後に速さは時間か作業量を揃えることで比べることができることを確認して授業を終える。

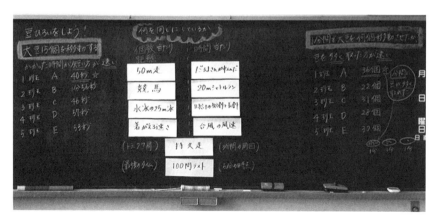

13

四角形と三角形の面積

福島県西郷村立羽太小学校　関根哲宏

■ 本時のねらい

台形の面積の求め方を使って他の図形の面積を求める活動を通して、「特別な台形」と捉え直せば既習の図形の面積が求められることや、面積は「横(底辺)×縦(高さ)」で求められることに気付くことができる。

■ 本時の問題

台形の面積の公式はどの図形にも使えるの？
何がわかれば面積を求めることができるの？

■ どのような見方・考え方を引き出すか

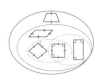

・台形以外の図形を「特別な台形」(図参照)と捉え直すことで、それらの図形の面積を台形の面積の公式を用いて求めることができるという図形を統合する考え。

・図形の「何がわかれば面積を求めることができるのか」を考えさせることで、「横と縦の長さ」がわかれば面積を求めることができるという式を統合する考え。

■ どのように見方・考え方を引き出すか

　本時は「図形の性質を基に既習の図形を捉え直す」資質・能力を育んでいくために単元のまとめの時間として設定する。まず、これまでに習った図形の面積の求め方を確認する。そして、その際「似ているところはないか」を考えさせ、台形の面積の公式が全ての図形に適用できることに気付かせていく。その時、台形以外の図形は「特別な台形」と捉え直すことができるように、これまでの学習で扱ってきた倍積変形に気付かせ、図形を統合的に見た

り考えたりできるようにしていく。

　授業の後半では，「図形の何がわかれば面積が求められるか」を考えさせる。台形の面積の公式にある「（上底＋下底）÷2」について考えさせ，「平均の長さであること」，つまり「横の長さ（底辺）」であることに気付かせ，面積を求めるためには「横の長さ（底辺）×縦の長さ（高さ）」が必要であるという式も統合して考えることができることに気付かせていく。

■ 本時の流れ

1. 「台形の面積の公式はどの図形にも使える？」

　本時は「四角形や三角形の面積」の学習のまとめとして行った。

　まず，今までに習った図形を確認し，長さを提示してノートに描かせた（長さの単位はcm，面積の単位はcm²）。

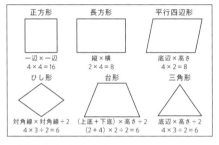

　次にそれぞれの図形の公式を確認し，面積を求めさせた。

　その後，「何か共通していることはあるかな？」と子どもたちに聞いた。

　すると「底辺が4cmになっている」「×や÷が使われている」「台形と三角形の公式は似ているところがある」という考えが出た。

「台形と三角形の面積の公式は似ている」という考えを取り上げ，「実は台形の面積の公式で三角形の面積が求められるよ」という話をする。そして，実際に解かせてみる。子どもたちは面積を求めようとするが「頂点の所はどうするの？」という疑問も出てきた。友だちと考えてもよいと言って少し時間を与えると「なるほど，できた！」という言葉が聞こえてきた。「どのように考えたの？」と聞くと，「三角形の頂点を上底0cmと考えると，(0＋4)×3÷2＝6 (cm²)となる」と説明をしてくれた。三角形では，台形の面積の公式が使えることがわかった。「三角形では，台形の公式が使えたね！」と強調して話すと，子どもたちの中から「だったら……他の図形はどうなるのかな？」という考え

13

が出てきたので，全体の課題とした。

　次に子どもたちが目を付けたのは，正方形と長方形と平行四辺形であった。そこで，3つの図形について考えることにした。台形の面積の公式をそれぞれの図形の長さに合わせて，答えを求めてみると……。

正方形……(4＋4)×4÷2＝16 (cm²)
長方形……(4＋4)×2÷2＝8 (cm²)
平行四辺形……(4＋4)×2÷2＝8 (cm²)

　左にまとめたようになり，三角形以外の図形も台形の公式に当てはめてみて，面積を求めることができることがわかった。

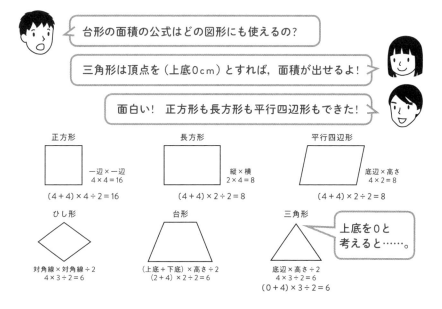

台形の面積の公式はどの図形にも使えるの？

三角形は頂点を（上底0cm）とすれば，面積が出せるよ！

面白い！　正方形も長方形も平行四辺形もできた！

正方形
一辺×一辺
4×4＝16
(4＋4)×4÷2＝16

長方形
縦×横
2×4＝8
(4＋4)×2÷2＝8

平行四辺形
底辺×高さ
4×2＝8
(4＋4)×2÷2＝8

ひし形
対角線×対角線÷2
4×3÷2＝6

台形
(上底＋下底)×高さ÷2
(2＋4)×2÷2＝6

三角形
底辺×高さ÷2
4×3÷2＝6
(0＋4)×3÷2＝6

上底を0と考えると……。

2.「台形の式を図に表してみると……」

　子どもたちは台形の面積の公式で，他の図形の面積も求められることを喜んでいたが，「台形の式にして面積は出せたけど，この場合どのように考えたことになるの？」という疑問も出てきた。

　子どもたちに少し考える時間を与えた。すると，「正方形だったら，正方形の隣にもう一つ合同な正方形を合わせて，÷2をすればよい」と説明をして

くれた子がいた。「それって，どういうこと？」と聞いて，黒板に図を描かせながら（下図①）説明してもらう。図を見た子どもたちからは「あーっ。なるほど！」という声があがった。「だったら，長方形と平行四辺形もできるね」と子どもたちは考え始めた。そして，長方形と平行四辺形については，それぞれ別な子どもたちに図を描かせて説明させた。

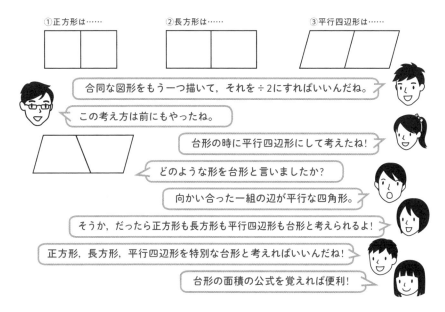

ただ，ここで子どもたちから新しい疑問が出てきた。「ひし形はどうしたらいいの？」である。

3. 「ひし形はどうしたらいいの？」

実は，子どもたちの中にはかなり早い段階から「ひし形には底辺がないのでどうすればいいのだろう？」と考えている子がいた。そして，実際になかなか考え方を見いだせずに悩んでいた。また，

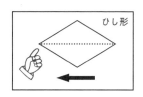

「ここまでできたのだから，きっとひし形もできるはず」と考えている子もいた。

そこで，子どもたちに少しヒントを与えた。「先生だったら，こうするけどなあ」と言って，ひし形を対角線で区切って，下にできた三角形を上にもっていくように指を動かして見せた。すると，「わかった！」「それならできる！」と言う声が多数上がったので3人組で考える時間を取った。

そして，一つのグループに発表してもらった。3人は下表①のひし形を半分にして，平行四辺形をつくり，そしてそれを台形の公式に当てはめて計算すればよいという考えを発表した。

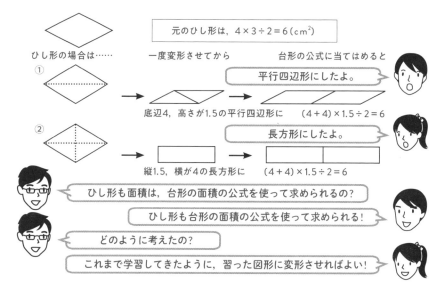

その後，②の長方形に変形させるやり方も出されたので，全体で確認した。ひし形を4等分し長方形をつくる考えである。

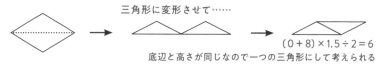

三角形に変形させて……

$(0+8)×1.5÷2=6$

底辺と高さが同じなので一つの三角形にして考えられる

子どもたちから出なかったので，三角形に変形させてもできることについては紹介した。子どもたちは「ひし形も変形させれば，台形の公式が使える」という結論を出すことができ喜んだ。

4.「何がわかれば面積が出せるの?」

　最後に始めの図に戻って振り返りを行う。「今日わかったことは何ですか?」と聞くと,「台形の面積の公式を使えば全ての図形の面積を求めることができる」「台形以外の図形を特別な台形と見ればよい」という意見が出された。

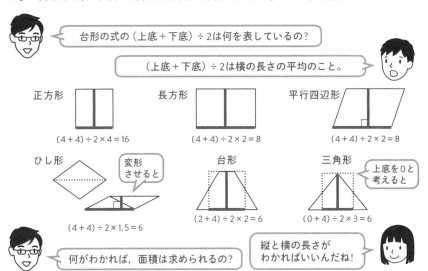

　さらに子どもたちに尋ねる。「台形の式の(上底＋下底)×高さ÷2の高さを取った,(上底＋下底)÷2って何を表しているの?」,すると子どもたちからは「上底と下底の真ん中の長さ」「平均の長さのことじゃないの」といった考えが出てきた。正方形,長方形,平行四辺形は平均の長さがそのまま底辺(横の長さ)に当たることを確認する。ひし形,台形,三角形も移動させたり変形させたりすることで底辺(横の長さ)と高さ(縦の長さ)がわかれば面積を求めることができることを確認した。「台形以外の図形を【特別な台形】と捉え直すことで面積を求めることができる」図形を統合する考え,そして面積は「横(底辺)×縦(高さ)」をすれば求められるという面積の求め方を式に着目して統合的に捉え直すことに触れることができた時間となった。

参考・引用文献　•坪田耕三(2013). 算数科 授業づくりの基礎・基本.

割合

東京学芸大学附属小金井小学校　加固希支男

■ 本時のねらい

　比べる時の「揃える」という考え方を，割合を使って比べる時は，どのように使っているのか考える。

■ 本時の問題

> バスケットボールのフリースローの練習を3日間やりました。その結果は以下の通りです。
>
> | | 打った本数(本) | 入った本数(本) |
> |---|---|---|
> | 1日目 | 8 | 5 |
> | 2日目 | 8 | 4 |
> | 3日目 | 6 | 4 |
>
> 3日間の中で，一番よく入ったといえるのは何日目でしょうか。

■ どのような見方・考え方を引き出すか

・割合を使って比べる時，どのように揃えているのかを，問題場面と対比しながら，具体的に示す。

・単位量当たりの大きさの学習で扱った比べる方法と比較し，比べる時の「揃える」という考え方の共通性に気付く。

■ どのように見方・考え方を引き出すか

　解法の途中で，打った本数や入った本数を揃え，もう片方の本数で比べる方法が出てきた際，「どうして揃えようと思ったの？」と発想の源を問う。そうすると，「片方の本数を揃えれば，もう片方の本数で比べることができる」という考え方が表出される。そこで，比べる時は，「揃える」という考え方が

大切だったことを振り返る。

　そして，割合で比べる場面を扱い，「割合で比べることは，何を揃えている
ことなのか」を考える。その上で，打った本数や入った本数を揃える考え方
との共通点を考え，比べる時は「揃える」という考え方が大切であることを
統合していく。

■ **本時の流れ**

1. 「打った本数も入った本数も揃っていない時は，
　　どうやって比べる？」

　1日目と2日目，2日目と3日目
をそれぞれ比べ，「打った本数が揃っ
ているなら，入った本数で比べる」
「入った本数が揃っているなら，打っ
た本数で比べる」という考え方を共
有した上で，1日目と3日目を比べ

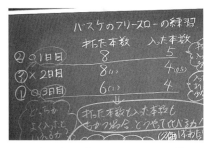

る。1日目と2日目，2日目と3日目を比べた時と何が違うのかを問い，「打っ
た本数も入った本数も違う」ということを確認し，「打った本数も入った本数
も揃っていない時は，どうやって比べる？」という課題を提示する。

2. 打った本数や入った本数を揃える
　　考え方の共通点を考えさせ，比べる時に大切な
　　「揃える」という考え方を表出させる

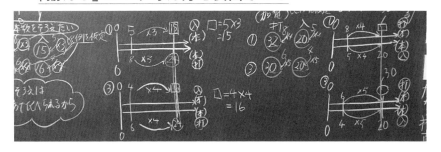

自力解決後，まずは打った本数と入った本数を揃える方法で考えた子ども
の解法を取り上げ，「どうして打った本数（もしくは，入った本数）を揃えよ
うと思ったの？」と発想の源を問う。導入で，打った本数と入った本数が揃っ
ている場面を扱っているので，すぐに子どもは「打った本数（もしくは，入っ
た本数）が揃っていれば，入った本数（もしくは，打った本数）で比べるこ
とができるから，揃えたいと思った」と答えることができる。

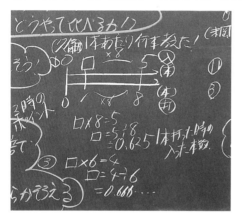

　次に出されたのが，「打った本
数1本当たり何本入ったのか」
で比べる方法であった。これは，
単位量当たりの大きさで比べる
考え方である。ここでも，「どう
して打った本数1本当たりで比
べようと思ったの？」と発想の
源を問うと，「打った本数が揃っ
ていないから」という答えがあっ
た。そこで，「これは何を揃えているのか？」と問うと，「打った本数を揃え
ている」という答えが返ってきた。

3つの解き方に共通する考え方は何かな？

どれも解き方は違うけれど，結局は打った本数か
入った本数に揃えているなぁ……。

　ここまで出された「打った本数を24本で揃え，入った本数で比べる」「入っ
た本数を20本で揃え，打った本数で比べる」「打った本数を1本で揃え，入っ
た本数で比べる」という3つの解法全てに共通する考え方を振り返り，「揃え
る」という考え方が共通していることを共有し，「揃える」という考え方が重

要であることを全体に理解させる。倍で比
べる（割合）の見方を扱う前に，比べる時
に重要な「揃える」という考え方を共有し
ておくことで，倍で比べる場面で，「どう
やって揃えているのか？」という着眼点を
もって考えることができるようになる。

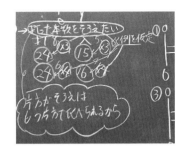

3.「割合で比べる時には，何を揃えているのか考えよう」

　次に，打った本数を基準量，入った本数を比較量として，倍を使った比べ
方について扱った。

　　子どもは以下のように計算をし，
　　1日目　5÷8＝0.625
　　3日目　4÷6＝0.666……
　　この計算結果をもとに，
「数値が大きいのは3日目だから，3日目の方が，よく入った」と答えた。

　しかし，この計算が何を求め，答えが何を意味しているのかを答えられる
子どもは少なかったため，この計算の立式の根拠や意味を，数直線を使って
確かめていった。
　最初，計算で出した数値だけを扱って1日目と3日目のうまさを比較して
いたが，数直線を扱いながら，基準量と比較量の関係を確かめていった。
　倍の学習は既習のため，基準量と比較量の関係を間違える子どもはあまり
いなかったが，1日目と3日目の倍をそれぞれ求めているだけで，「どうやっ
て比べているのか？」という意識をもっている子どもはいなかった。
　そこで，「比べる時は，『揃える』という考え方が大事でしたが，これは何
を揃えて比べているのかな？」と問うた。

これは何を揃えているのかな？

打った本数も入った本数も揃っていないよなぁ……。

　数直線を使いながら，何を揃えているのかを考えていった。倍どうしを比べて比較していることはすぐにわかったのだが，何が揃っているかを考えることは難しかった。

　そこで，１日目と３日目の数直線を縦にならべて，基準量と比較量のどちらを揃えているのかを考えた。基準量も比較量も本数が揃っていない。比較量を表した倍の数値も異なる。揃っているのは，基準量が１倍であることである。そこで，１日目と３日目の基準量を１倍に揃えた数直線を書き直した。

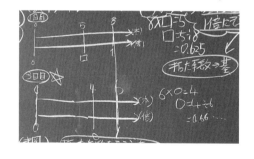

　割合というのは，基準量と比較量がともに異なる場合，基準量を１倍に揃えて比べる方法である。そのことを，数直線を扱い，具体的に示していったのである。

4.「比べる時の大切な考え方は何かな？」

　授業の最後に，本時で扱った解法に共通する考え方を振り返った。「基準量

を1倍で揃えて，倍で比べる」「1本当たりで揃えて比べる」「公倍数を使って，どちらかを揃える」という3つの考え方が出てきたのだが，その全てに「揃える」という考え方が共通していることを共有した。

今日，初めてやった倍を使って比べる方法も含めて，比べる時の共通する考え方は何かな？

いろいろな比べ方の方法があるけれど，「揃える」という考え方は同じだ！　これが比べる時の大切な考え方なんだね！

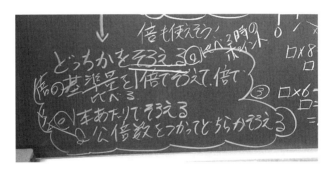

また，この考え方は，既習である単位量当たりの大きさだけでなく，1年生の学習である「長さ比べ」や「かさ比べ」でも使った考え方であることを提示し，比べる時の共通する重要な考え方であることをまとめた。

■ 授業を終えて

比較量÷基準量をして，倍同士を比べるということが，一体何をしていることなのかを理解することが，割合を理解する上で難しい。割合を理解するためには，その他にもさまざまな要素が考えられるが，本時は，「割合とは，基準量を1倍に揃えることで，倍同士を比べている」ということを理解することをねらっている。そして，割合を比べ方の1つと捉え，「揃える」という考え方を，割合ではどのように使っているのかを考える。そうすることで，割合が具体的に何をしていることなのかを理解しやすくなったと考える。

15

変わり方調べ

島根県松江市立朝酌小学校　村上幸人

■ **本 時 の ね ら い**

伴って変わる2つの数量を見いだして，それらの関係に着目し，表や式を用いて変化や対応の特徴を考察することができる。

■ **本 時 の 問 題**

> 長さの等しい棒で（右のように）正方形をつくり，横に並べていきます。正方形を30個つくるとき，棒は何本いりますか。

■ **ど の よ う な 見 方 ・ 考 え 方 を 引 き 出 す か**

・求めたい数に対して，それと関係のある他の数を見つけること。

★一方の数は他方の数に伴って一定のきまりに従って変化することを見つけ，適用範囲を広げて問題を解決すること。

■ **ど の よ う に 見 方 ・ 考 え 方 を 引 き 出 す か**

正方形が4本の棒でつくれることは誰もがイメージできる。しかし，「並べて」つくると重なりの部分ができるため，4×30本ではないことに気が付く。そこで，『棒の数は，どのようなきまりで増えていくのだろう』という問いが生まれる。

そこで，このきまりを考える手がかりとして，"数で見る"ことを引き出す。実際に操作ができる数値が小さい始めの段階で，正方形の並ぶ図上に正方形の個数（1，2，…個）と棒数（4，7，…本）を記入していく。

さらに，数値を表でまとめて整理していく中で，伴って変わる二つの数の関係（きまり）を，子どもの言葉，図，式などの表現で引き出していく。そ

して，大きな数値でも"きまりを適用すれば問題を解決できる"ことより，算数の本質的な内容や数理的な処理のよさに気付かせたい。

■ **本 時 の 流 れ**

1. 「正方形を30個つくるのは大変だ！」

最初に，黒板に同じ長さの棒で正方形をつくる。

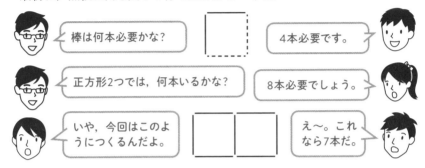

導入時に，正方形をつくる操作をしながら，子どもたちとこうしたやり取りを行う中で，

・正方形の数が増えると棒の数も増える。

・でも，単純に4本ずつではないな。

・重なる部分があるからだ。

ということを意識させる。その上で問題を示す。

正方形を30個つくるとき，棒は何本いりますか。

正方形　1個　2個　3個　・・・　　　30個

え〜，30個は無理。かけないよ。

図で全部かくのは無理だね。他の方法を考えないと。

2. 「図，表，式で，かきながら考えてみよう」

　図を30個までかくのは大変である。そこで，数が少ない場合で考える。黒板に示した図を見て，ただ漫然と考えるのではなく，正方形を1個ずつ増やす手順で，実際にノートなどにかくように促す。すると，正方形が1つできるためには，何本ずつ棒を加えればいいのかがわかってくる。

　そうなれば，後はその「わかってきた」ことを数や言葉，式で表していく。それらをつないでいくことで，変わり方の"きまり"が浮かび上がってくる。

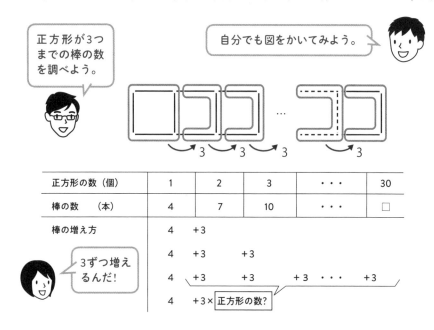

3. 「棒の本数の求め方を，式で表してみよう」

「3ずつ増える」というきまりを使って，正方形が30個の棒の数を求めていく。この立式が難しい。それは，正方形の数と3の増える回数が一致していないため，4＋3×30＝94としやすいのである。いわば，増える3の回数は"間の数"であることを押さえる必要がある。自分たちでつくり出した式が正しいのか，少ない数で吟味するとよい。

C：4+3×30＝94で，答えが求められました。

T：できましたね〜。では，実際に4+3×□で，棒の本数が求められている
　　か，確かめてみよう。

C：これでは，正方形が1個のときに棒の数は7本，2個のときに10本にな
　　ります。

T：どうしてだろうね。

C：7本は2個のときで，10本は3個のときだからずれています。

C：最初の正方形は4本で，次の正方形から3ずつ増えるので，正方形の個
　　数ではなくて，3本でできる増えた正方形の個数が必要になります。そ
　　の数は，正方形の個数から最初の正方形の個数の1をひいた数になりま
　　す。よって，4+3×（ 正方形の数 −1）です。

　こうして，自分たちで出した式と実際の答えが妥当であるかを確かめるこ
とで間違いを防ぐことができる。式と答えが一致しない場合，式から言葉，数，
図へと考えてきた過程を逆に辿り，その理由を考える。それぞれの数の意味
を，子どもたち自身の説明によって明確にしていくことが大切である。

4. 「ひき算を使わなくても，求める方法がないかな」

　算数の授業では，ただ単に答えを求められればよいのではない。他により
よい求め方がないのかを追求し考える力が，これからの時代を生きていく上
で必要となる。

　先ほどの求め方では，正方形の数が30個であるのに対し増える回数が29回
となる。正方形の個数と3の増える回数の数が一致していない。そのため，ひ
き算を必要とし，少し混乱する場合がある。

　これらを一致させ，正方形の個数そのままから容易に求める方法が見つか
らないか考えることができる。そうすれば，正方形が30個，またはそれ以上
の場合でも容易に求めることができる。

3本ずつ増える回数は正方形の数から1を引かないといけないね。ひき算なしでできる方法はないかな。

最初の正方形を，一番左の縦の1本と残りの3本ずつに分けると，それより後と同じ増え方になるよ。

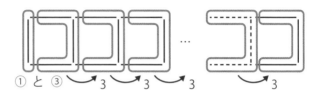

① と ③ →3 →3 →3 ⋯ →3

正方形の数（個）	1	2	3	・・・	30
棒の数　　（本）	4	7	10	・・・	□
棒の増え方	1＋3				

3ずつ増えるんだ！

1＋3　＋3　　　＋3

1＋3　＋3　　　＋3　　　＋3　・・・　＋3

1＋　　　　　3×30

正方形が30個では，1＋3×30で，棒の数は91本です。

5.「正方形を30個全部かかなくても，棒の数が求められたのはなぜだろう」

では，正方形の数が50個では何本必要でしょう。

正方形が50個では，1＋3×50で，棒の数は151本です。

すごい！　どうしてすぐわかるの？

この理由を問う発問は，本時のねらいである，「伴って変わる２つの数量を見いだして，それらの関係に着目し，最終的には式を用いて対応の特徴を考える」ことにつながる。

そして，この２つ目の考え方を言葉の式で表すと次の通りになる。なお，定数として数字で表している「１」や「３」は何を表しているのかも押さえておきたい。

$$1 \quad + \quad 3 \quad \times \quad \boxed{\text{正方形の数}} \quad = \quad \text{棒の数}$$
（一番左の縦の１本）（増える３本）

このようにして，正方形の数が何個の場合でも棒の数は計算で即座に求められる。数学的な見方・考え方のよさを実感させるために，本時の授業の内容を振り返らせたい。

「正方形を30個全部かかなくても，棒の数が求められたのはなぜだろう」

この問いに対する振り返りは，次のような内容が期待される。

- 始めは難しいと思ったが，図をかいていくと３本ずつ増えることがわかった。数が少ない場合でまず考え，きまりを見つけるとよい。
- 表にして正方形の数と棒の数を見比べると，比例していないので，きまりがわかりにくかった。最初の正方形の棒の数は４本であるが，増え方に注意して，最初の１本と増える３本に分けて考えるとわかりやすくなった。工夫すれば，よりよい求め方が見つけられる。
- きまりを見つけたら，どんな場合でも早く簡単にわかる。きまりを式に表したら，計算で棒の数を求められ，便利だと思う。
- 他の図形でも同じようにできるのだろうか。試してみたい。

◎ 参考・引用文献
• 藤井斉亮ほか (2019) . 『新しい算数5下』,東京書籍.

15

正多角形と円周の長さ

聖心女子学院初等科　松瀬仁

■　本時のねらい

　二等辺三角形をもとに「正多角形」が構成できることの考察を通して，「正多角形」の意味や性質を理解する。

■　本時の問題

> 　二等辺三角形を集めてできる図形には，どんな特徴がありますか。

■　どのような見方・考え方を引き出すか

★平面図形の構成要素である辺や角に着目して考察する見方・考え方。

・複数の正多角形から共通する特徴を見いだす帰納的な見方・考え方。

・見いだした特徴が正しいかを，二等辺三角形の合同を根拠に考える演繹的な見方・考え方。

■　どのように見方・考え方を引き出すか

　本時で設定した３つの見方・考え方を引き出すために次のように授業を展開していく。まず，『120°，30°，30°』の二等辺三角形を提示し，120°の角が中心に集まるように３つ並べることで正三角形が構成されることを見いだしていく。その後『90°，45°，45°』の二等辺三角形だったら，『60°，60°，60°』の正三角形だったらと順に提示し，同様に並べていくとどんな図形が構成されるかを考えていく。できる図形を予想したり，できた図形を考察して特徴を見つけたりしていく中で，図形の構成要素に着目した見方・考え方や，複数の正多角形に共通している点に着目している見方・考え方を価値付けていく。また，見つけた特徴に対して，「どうして，そう思ったのかな？」と根拠を問い返していく発問を

することで，演繹的な見方・考え方を引き出していくようにしたい。

■ 本時の流れ

1.「どんな図形になるのかな」

まず，右のような図形を提示し，
「3つの三角形に共通することはどん
なことかな」と問いかける。「どれも

二等辺三角形」「最後は正三角形とも言える」と共通点に気付く子どもが増え
てきたところで，「どうして二等辺三角形と言えるの？」と問い返す。子ども
からは「円の半径の長さは等しいから辺の長さが等しくなる」「最後は，60°に
なっているから，全部の角の大きさが60°になって正三角形になる」とこれま
でに学習した円の性質や正三角形の角の大きさを根拠にして説明がされる。

そこで，正三角形も二等辺三角形の仲間であることを確認し，「今日は，二
等辺三角形が変身してどんな図形になるか考えていくよ」と言って，120°の
二等辺三角形を並べていく様子を見せる。

「どんな図形になったかな？」と問いかけると，「正三角形に
なっている」という声が返ってくる。そこで，「どうしてこの
三角形が正三角形だと思ったのかな？」と問い返す。「辺の長さが同じだから」
と子どもの反応が返ってきたところで，その根拠を問うようにしていく。

 本当に，辺の長さは同じと言えるのかな？

だって，3つの二等辺三角形は合同だから
対応する辺の長さは等しくなる。

辺の長さに着目して正三角形になることが説明できたので，今度は角に着
目して正三角形になることを考えた子どもの意見を聞いていく。
Ｔ：他の方法で正三角形になる説明を考えた人はいるかな？

C：3つの角の大きさが全部60°だから正三角形になる。

C：二等辺三角形の等しい角の大きさは，(180−120)÷2＝30で30°で，それが2つ分だから60°になる。

　辺だけでなく角の大きさにも着目して正三角形になることを説明できたことを価値付けして，この先の図形についても同様に辺や角に着目して考えられるようにしておく。

2. 「どうして正六角形だと思ったのかな」

　120°の二等辺三角形が正三角形になることを説明できたので，「他の二等辺三角形はどんな図形に変身するのかな？」と投げかけて，次の90°の二等辺三角形を提示する。

「二等辺三角形は3つしか使えないのですか？」子どもから変身のための条件について質問がでた。そこで，変身のための条件を整理していく。

・合同な二等辺三角形を最初と同じように，頂点を合わせて並べていく。

・必要なら合同な二等辺三角形をいくつ使ってもよい。

　条件を確認して，統一することで子どもの「わかった」という声が多くなった。そこで，どんな図形になると思うか聞いていく。

C：正方形。

C：ひし形。

　意見が分かれた。子どもが困ったり，迷ったりした場面では，既習を振り返ることを促す発問を行う。「正方形とひし形はどんな違いがあったのかな？」と投げかけたところ「どちらも4つの辺の長さが等しくて，正方形の場合は4つの角の大きさが90°になる」と図形の性質を振り返ることができた。

「だったら正方形だ」辺だけに着目して，ひし形になると考えていた子どもが，角にも着目して考えることで，ひし形ではなく正方形の方が正しいことを見つけていく。

　続いて60°の二等辺三角形（正三角形）を変身させた場合について考えて

いく。「この三角形は，何に変身できるか予想してみよう」と投
げかける。

　子どもの予想を聞いていくと「六角形」という予想が多いが，
「正六角形」という子どもや，「五角形」と予想する子どもも出てきた。五角
形というのは誤答であるが，この誤答には子どもなりに働かせた数学的な考
え方があると考えたため，次のように相手の気持ちを読み取る発問を行った。

T：五角形と予想をしている人がいるけど，この気持ちはわかるかな？

C：わかる。最初が正三角形に変身して，次が正方形に変身したけど，正方
　　形は四角形なので，次は五角形と考えたと思う。

と数の並びから五角形を予想したことを読み取ることができた。

「気持ちはわかるけど，違う」という声が上がるので，その理由について問
う。「一周は360°だから360÷60＝6で，六角形になる」と，中心角に着目
をして考えた意見が出された。そこで，できる図形を確認す
る。「やっぱり六角形ではなく，正六角形じゃないかな」とい
う意見が出るのでその根拠を問うていく。

 どうして，六角形ではなく正六角形だと思ったのかな。

合同な正三角形を6つ使っているから正三角形や正方形みたいに
6つの辺の長さが等しくなっている。（辺の長さに注目した発言）

60°が2つだから角も全部120°で等しくなる。
（角の大きさに注目した発言）

正三角形や正方形との共通点を見いだし，辺の長さや角の大きさが等しい点に着目できていることを価値付けていく。そしてこの図形を正六角形ということ，正三角形や正方形（正四角形），正六角形などをまとめて，正多角形ということを押さえていく。

3.「正五角形には変身できないのかな」

　ここで，新たな問いが出てくる。正三角形，正方形（正四角形），正六角形ができたのに，正五角形は登場していない。そこで，
「正五角形に変身できる二等辺三角形はないのかな？」
という問いについて考えていく。

　すぐに「できる」といって動き出す子どもがいる一方，どう考えていいか困っているという子どももいたため，「何かヒントになることはあるのかな？」と投げかけた。

「さっきの360÷60＝6の式がヒントになる」と式に目をつけるというヒントがでたことで，困っていた子どもも動き出す様子が見られた。そこで，改めてどんな二等辺三角形だったら良いのか問う。

T：どうやったら，正五角形に変身できる二等辺三角形を見つけることができるのかな？

C：360÷（真ん中の角度）＝（三角形
　の数）だったから，360÷（三角形
　の数）＝（真ん中の角度）になる。

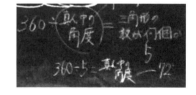

C：360°を5等分したらいいから。360
　÷5＝72で72°の二等辺三角形だったら正五角形になる。

　正五角形になる二等辺三角形がわかったので本当にできるか作図をして確かめていく。

T：では，実際に二等辺三角形をかいて確かめてみよう。

C：できた。やっぱり正五角形になる。

C：もっと，他の正多角形もできそう。

　実際に，図をかいて正五角形ができることを確かめたことで，「だったら，もっと他の正多角形もできる」という意見が出てきた。そこで，中心に集まる二等辺三角形の角のことを『中心角』ということを伝え，中心角を何度にするとどんな正多角形に変身するのかを問う。

C：中心角を36°にしたら，正十角形ができる。

C：逆に，中心角を10°にしたら，正三十六角形になる。

C：中心角が1°だったら，正360角形になる。

　いろいろな中心角の場合が子どもから出てくるので，一度止めて「たくさんつくれて，全部書ききれないね」と投げかけた。すると，子どもから「きまりがある」という声が出てくる。どんなきまりがあるのか子ども同士で相談する時間を設け，見つけたきまりを問う。

C：中心角が360の約数だったら正多角形がつくれる。

というきまりを見つけることができた。

　実際にはコンピュータなどを用いれば正七角形など360の約数が中心角にならない正多角形もつくることができるが，子どもの持っている分度器では整数値までしか測れないため，ここではそれは紹介せず，子どもの発見を生かす展開とした。

　また，中心角を1°にして作図していくと，ほぼ円と同じようになって，中心角を小さくすると円に近づくことを見つけるなど円とのつながりに目を向けている様子も見られた。

17

角柱と円柱

和歌山大学教育学部附属小学校　小谷祐二郎

■ **本 時 の ね ら い**

　角柱や円柱を構成する要素に着目して，角柱や円柱の底面や側面の性質を理解する。

■ **本 時 の 問 題**

> 角柱と円柱の面について調べましょう。

■ **ど の よ う な 見 方 ・ 考 え 方 を 引 き 出 す か**

・立体図形の構成要素である面の数に着目させることで，底面と側面の性質を見いだすことができるようにする。

■ **ど の よ う に 見 方 ・ 考 え 方 を 引 き 出 す か**

　前時において，立体図形を「角柱」と「円柱」に分けられることを学習した子どもたちに「それぞれの立体の面の数はいくつでしょう」と投げかける。面の数を数えるこの段階では，子どもは面の数に着目している。「三角柱は5つ，四角柱は6つ……」と気付き始めたところで「三角柱が3つだったらわかりやすいのにね」と教師がつぶやく。すると，子どもたちが「同じ面は3面だよ」や「三角形の面が2面あるからだよ」「四角形だって……」等と語り始める。最初，面の数に着目していた子どもが，底面と側面の特徴に着目し始める瞬間である。これこそが，本時で働かせたい数学的な見方・考え方である。これらの子どもの言葉をもとに，立体図形の構成要素である面の形から，側面と底面の性質を見いだしていく。底面と側面の和が総面数となることを式に表したり，向かい合う面の関係を考えたりする数学的な考え方を働かせることで，子どもが自ら下面が底面ではないことを実感できるようにす

るころも大切にしながら授業を展開していきたい。

■ 本時の流れ

1. 「それぞれの面の数はいくつでしょう」

　黒板に角柱の見取り図を提示し
「それぞれの面の数はいくつでしょう」
と投げかける（図1）。見取り図では
なかなかややこしいところもあるが，
多くの子どもが念頭で角柱を操作し，
面の数を数え上げていく。5年生の子
どもにとって面を数え上げることはそ

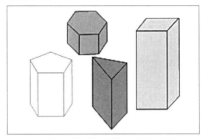

図1　提示資料（角柱の見取り図）

れほど困難なことではない。この時，子どもは面の数に着目している。全ての
子どもが三角柱は5面であることが確かめられたところで活動を止める。

2. 「三角柱が3つだったらわかりやすいのにね」

「この角柱（三角柱）の面の数がわかった？」と聞けばたくさんの手が挙が
る。一人を指名すれば5面であることが確認できる。そこで，教師が次のよ
うにつぶやく。

　三角形がある角柱の面の数が3つだったらわかりやすいのにね。

「確かに……」と納得している子どもがいる中で，何人かがつぶやき始める。

　長方形の面の数は3つだよ。

　面が3つだったら底がないよ。

　底だけじゃなくて，上のふたもなくなる。

そうか，底が三角形だから長方形は3つになるんだ。

それに底とふたの分を足して5面なんだ。

　これらの子どものつぶやきは，角柱の構成要素である側面と底面の特徴に気付いたつぶやきであり，本時で働かせたい見方・考え方である。この段階では，これらのつぶやきが全体で共有されていないため，これらのつぶやきを丁寧に取り上げながら，全体で共有していく。

「長方形の面の数は3つだよ」というつぶやきを取り上げ，どこのことを指しているのかをペアで確認し合う。この段階で用意しておいた三角柱を取り出し，実際に角柱を見ながら側面にあたる面の数が3つであることを確かめる。実際に柱体を手にして確かめている最中に，子どもの言葉が聞こえてくる。

当たり前だよ。調べなくても3つに決まっている。

　確かめなくても3つに決まっているというこの子どもの言葉は，底面の形に側面の数が対応していることに気付いたことによるものである。この言葉の意味をじっくり考えることが，本時で大切にしたい考え方を育むことになる。「どうして当たり前なの？」と聞くと，次のように話し始めた。

底とかふたの面って三角形ですよね。その面に対して，長方形の面があるでしょ……。

その面に対してって，どういうこと？

底の面は三角形だから辺の数は3つですよね。その辺に対して長方形の面がないと，角柱にならないのはわかる？

「底面の辺に対して長方形の面がないと角柱にならない」という発言には多くの子どもが納得し，「確かに角柱じゃなくなる」「エレベーターの扉が開いたみたいになる」等，一人一人がそれぞれの解釈で底面と側面の関係を理解していく様子が見られた。

　底面の辺の数と側面の数が同じになることに気付いたことを全体で共有できたところで「それってこの角柱だからじゃないの？」ととぼける。すると子どもたちは自ら他の角柱を取りに来て，それぞれの底面の形と側面の数に着目して調べ始める（図2）。授業冒頭，教師の投げかけによって受動的に面の数を数えていた子どもたちが能動的に対象である角柱に働きかける姿は，本時で目指したい子どもの姿である。

　次に，三角柱が3面だと底面が

図2　底面と側面の関係に着目しながら角柱を調べる

なくなると言った子どもの言葉を取り上げ，次のように問い返した。

底の面とかふたの面がなくなるって言っていたのはどういうことかわかりますか？

すると，子どもたちが次のように話し始めた。

底の面とふたの面をひいたら，底が三角形の角柱はちょうど3面ってことだと思う。

底の面とふたの面が2つセットで角柱になるのはわかりますか？　だから，底が三角形の角柱の時は，5面になります。

この言葉を取り上げ「今の話を式に表すことはできる?」と投げかけ，3＋2＝5と表せることを確認した。ここで，用語として「底面」「側面」「三角柱」「四角柱」「五角柱」を教えることで，角柱の面の数は側面と底面の和で表せることを共有した。

3.「見方によって，底面は側面になる?」

用語として底面と側面を教えたところで，一人の子どもがつぶやいた。

 見方によって，底面は側面にもなるよね。

これは，横に倒した状態で見た時，底面がどこに当たるかについてのつぶやきである。これから角柱と円柱を学習していく上で必ず混乱する子どもが出てくる点である。そこで，あえて次のように応えてみる。

 今言ってくれたことはわかりましたか? 見方によって底面は側面になるっていうことですよ。

すると，子どもが騒ぎ始める。

 違うよ。底面は長方形じゃないところだよ。

 そうだよ。三角柱を横に倒した時，底面はどこなの?

 底面はあるよ。でもふたになる面がない。

 これって，どこが縦でどこが横の話と同じじゃない?

見方によって側面が底面になったり，底面が側面になったりするというこ

とを，既習である長方形の縦と横の関係と同じだという言葉を取り上げ，その言葉をペアで解釈させる。すると，子どもたちはノートを回転させたり，斜めに持ったりしながら，縦と横が見方によって変わることを共有した。そこで「やっぱり側面と底面は見方によって変わるってことだね」と言うと，最初に騒ぎ始めた子どもがさらに勢いを増して反論してくる。

そんなことすると，底面の数はいくつって聞かれた時，答えが2つあることになってしまうよ。答えがどっちでもいいなんておかしいよ。

三角柱は底面が三角形だから三角柱って言うのだから，横に倒しても底面は三角形でないと三角柱とは言えないよ。

　これらの言葉を全体で共有することで，本時で大切にしたい図形の構成要素に着目した見方・考え方がより確かなものになっていくと考えられる。

　面の数に着目するところから始めることで，子どもたちは図形の構成要素に着目する見方・考え方を働かせることができる。この学習が，次時に底面と側面を垂直と並行の関係で捉えることにつながっていく。

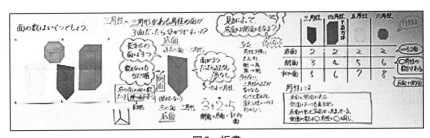

図3　板書

執筆者一覧 (執筆順)

山本　良和	筑波大学附属小学校	はじめに
山田　剛史 *	東京都墨田区立二葉小学校	1
谷内　祥絵	京都府南丹市立八木西小学校	2
相墨多計士	埼玉県戸田市立笹目東小学校	3
盛山　隆雄 *	筑波大学附属小学校	4
竹尾智登志	南山大学附属小学校	5
沼川　卓也	岩手県盛岡市立緑が丘小学校	6
大川　拓郎	静岡県静岡市立伝馬町小学校	7
高瀬　大輔	福岡県	8
湯藤　浩二	北海道幕別町立札内南小学校	9
百田　止水	熊本県山鹿市教育委員会	10
小松　信哉 *	福島大学大学院人間発達文化研究科	11
木村　知子	東京都江戸川区立南篠崎小学校	12
関根　哲宏	福島県西郷村立羽太小学校	13
加固希支男 *	東京学芸大学附属小金井小学校	14
村上　幸人	島根県松江市立朝酌小学校	15
松瀬　仁	聖心女子学院初等科	16
小谷祐二郎	和歌山大学教育学部附属小学校	17

＊：5年　編集理事

子どもの数学的な見方・考え方を引き出す算数授業

各学年収録単元

子どもの
数学的な見方・考え方が働く
算数授業

5年

令和2年3月9日　初版第1刷発行

企画・編集　全国算数授業研究会
発行者　錦織圭之介
発行所　株式会社　東洋館出版社
　　　　〒113-0021　東京都文京区本駒込5丁目16番7号
　　　　営業部　電話03-3823-9206　FAX03-3823-9208
　　　　編集部　電話03-3823-9207　FAX03-3823-9209
　　　　振替 00180-7-96823
　　　　URL http://www.toyokan.co.jp
装丁　新井大輔
編集協力　株式会社　エディポック
印刷・製本　岩岡印刷株式会社

ISBN 978-4-491-04062-2
Printed in Japan